La piel del jaguar

25 poetas hispanoamericanos ante un nuevo siglo

La piel del jaguar

25 poetas hispanoamericanos ante un nuevo siglo

Edición de Álvaro Salvador

Fundación José Manuel Lara
Vandalia

Vandalia, 25

Director de colección: Jacobo Cortines

Primera edición: octubre, 2006

c/ Fabiola, 5. 41004 Sevilla (España)

Esta edición ha sido realizada en coedición
con la Fundación Caja Rural del Sur

Diseño y maquetación: Estudio Manuel Ortiz

Ilustración de cubierta: Antonio Gaga

Dep. Legal: SE-3733-06
ISBN: 84-96556-78-6
ISBN-13: 978-84-96556-78-2
Printed in Spain-Impreso en España

INTRODUCCIÓN

LA AGONÍA DE LOS SIGLOS: BALANCE DE LA POESÍA HISPANOAMERICANA AL COMIENZO DEL TERCER MILENIO

> ...poesía que, a pesar de su exasperado individualismo, no afirma el alma del poeta sino la del mundo. De ahí su indiferencia, a veces abierta hostilidad, ante el cristianismo. El mundo no está caído ni dejado de la mano de Dios. No es un mundo de perdición: está habitado por el espíritu, es la fuente de la inspiración poética y el arquetipo de todo transcurrir: Ama tu ritmo y ritma tus acciones... La poesía de lengua española nunca se había atrevido a afirmar algo semejante, nunca había visto en la naturaleza la morada del espíritu ni en el ritmo la vía de acceso –no a la salvación sino a la reconciliación entre el hombre y el mundo...
>
> (Octavio Paz, *El Caracol y la sirena*)

DE UN FIN DE SIGLO...

Hablar a estas alturas de qué cosa sea la modernidad e incluso de qué cosa sea el *modernismo* me parece redundante, sobre todo teniendo en cuenta la actualidad que en estos últimos años han tenido ciertos debate dialécticos a propósito de los conceptos de modernidad y posmodernidad. De cualquier modo y por desgracia, nos vemos obligados todavía a insistir con el señalamiento de algunas especificidades que se articulan en torno a la relación entre Hispanoamérica y la Modernidad. A partir de los estudios clásicos de Henríquez Ureña, Ángel Rama, Gutiérrez Girardot, Yerko Moretic, etc., las confusiones e imprecisiones que, a menudo, habían convertido al Modernismo –y, por supuesto, a Darío– en una especie de excepción estética, pintoresca y diletante, han desaparecido. Sabemos, desde ellos, que el famoso «galicismo mental» de Darío responde en realidad a una actitud vital y estética, enraizada en las condiciones sociales y culturales de la Hispanoamérica finisecular. Si Rubén Darío capitanea un movimiento artístico que pretende revolucionar los fundamentos literarios de la recién emancipada América Latina, no es por un capricho extranjerizante y elitista. Los fundamentos ideológicos de Darío, lo que podríamos definir como su «esteticismo moral», nacen de una necesidad cultural mucho más general y más profunda: la derivada de las nuevas condiciones sociales surgidas en América Hispánica a partir de 1880. Una América que se dispone a recorrer el tramo final de ese largo camino desde la Barbarie hasta la Civilización de la mano del imperialismo económico, de la revolución comercial y manufacturera, abriendo de par en par sus puertos para celebrar la llegada del «Porvenir». No sólo arriban a esos puertos libros, sino también objetos culturales, manifestaciones de la riqueza rápida de los nuevos «reyes burgueses», modos de vida, ideas, pero no solamente ideas abstractas, sino ideas que son modos de vivir la vida, de entenderla y reproducirla artísticamente para los nuevos grupos sociales y los nuevos profesionales que arrastra la aparente prosperidad conquistada. La tradición naturista de la cultura hispanoamericana, que responde a unas condiciones de vida muy específicas además de a un espesor ideológico importado del romanticismo foráneo, será fundamental para la renovación métrica que el modernismo hispanoamericano va a acometer y también para ciertas actitudes estéticas que el modernismo inaugura y que pervivirán, como veremos, con una extraordinaria vitalidad durante muchos años. De una parte, la «ideología de la música», construcción típicamente romántica y que ya había producido en Hispanoamérica el «corpus» de la poesía gauchesca y el fruto genial de *El Martín Fierro*, hace que los modernistas sientan la necesidad de elaborar un virtuosismo rítmico y estrófico, capaz de reproducir la música espiritual de la naturaleza. Pero la Naturaleza no es ya sinónimo de «realidad», es más, la Realidad ha pasado a ocupar el antiguo lugar que ocupaba la naturaleza e, incluso, a abarcarla en una significación más amplia. La revolución industrial, la producción en serie, los avances científico-técnicos, conforman ya, de un modo día a día creciente, un espacio no natural, es decir, «artificial», que sin embargo engloba y condiciona la vida de los seres humanos y su percepción sensible del mundo. El arte se transforma imperceptiblemente en un producto en serie, en un objeto manufacturado.

«Hacer rosas artificiales que huelan a primavera, he ahí el misterio», dirá Rubén Darío en un artículo muy significativo. Esta afirmación nos demuestra la extraordinaria lucidez de Darío al intentar definir y defender la concepción estética que anima su esfuerzo renovador. El arte es un hecho «artificial» y como tal hay que abordarlo; unido a una idea natural de la belleza: la rosa, el símbolo, el tópico de la poesía tradicional, pero artificial, como las rosas mismas de Versalles, como las rosas modernas. El desafío consistirá en hacer que estos objetos elaborados, artificiales, sean capaces de perfumar la realidad como lo hace la Naturaleza, esto es, la primavera. ¿Cómo conseguirlo? A partir de dos principios fundamentales:

En primer lugar, a partir de un espiritualismo heredado del romanticismo, según el cual toda la realidad –natural o artificial– es *sagrada*, participa de un ritmo universal, de una «harmonía» universal, que se manifiesta en los actos sublimes –eróticos, religiosos, estéticos– a través de sus oficiantes. De entre ellos, una vez muertas las religiones y domeñada la naturaleza, el único que conserva su poder demiúrgico es el poeta, el artista, y la única región todavía eficaz para conectarnos, para comulgar con lo sagrado, la actividad artística. Son los principios de lo que hemos llamado en otro lugar a «moral estética» de Darío y los modernistas[1]. Es también el comienzo de una concepción profética del poeta y de la actitud poética que alimentará el sentido social de casi todos los poetas contemporáneos en el ámbito hispánico.

En segundo lugar, a través de la recién consolidada ideología positivista que sitúa la perfección del espíritu humano en la conquista del estado positivo, al que se llega por un camino trazado por la lógica del cientismo y basado en la investigación y experimentación con los objetos –sean estos abstractos o concretos–, hasta lograr el desvelamiento de su «en sí», de su lógica interna. Allí se encontrará el espíritu del objeto en estado puro, dispuesto por lo tanto para integrarse, para conectarse y conectarnos con el ritmo, con la armonía universal.

Todo el esfuerzo virtuosista que Darío va desarrollando desde sus *Epístolas y Poemas* («todo quiere imitar el arpa mía») hasta los *Cantos de vida y esperanza* y los restantes últimos libros, está alimentado por estos dos principios rectores que presiden su concepción del arte y la poesía. Sin duda, el libro culminante en esa trayectoria dariana es *Prosas Profanas*, texto en el que todos estos recursos alcanzan su máxima expresión. Un texto que, bajo el «divino imperio de la música», se desliza desde el planteamiento parnasiano y ornamental de la primera edición (1896) hasta el simbolismo profundamente analógico de la segunda (1901) sin que la unidad del libro se resienta. Como demostró Noé Jitrik, el proyecto de totalidad armónica, lo que él llama «fonocentrismo», se inicia ya en los primeros poemas, *Era un aire suave*, *Divagación*, etc., y culmina en la sección añadida más tarde, *Las ánforas de Epicuro*, en la que la

1. Salvador, Álvaro, *Rubén darío y la moral estética*, Universidad de Granada, 1986 y Rodríguez, Juan Carlos y Salvador, Álvaro, «Rubén Darío» en *Introducción a la literatura hispanoamericana*, Madrid, Akal, 3º ed. 2005, págs. 209-247.

«harmonía» verbal llega a fundirse íntimamente con la «harmonía ideal»: *Ama tu ritmo y ritma tus acciones / bajo su ley, así como tus versos; / eres un universo de universos / y tu alma una fuente de canciones. // La celeste unidad que presupones / hará brotar en ti mundo diversos, / y al resonar tus números dispersos / pitagoriza en tus constelaciones. // Escucha la retórica divina / del pájaro del aire y la nocturna / irradiación geométrica adivina; / mata la indiferencia taciturna / y engarza perla y perla cristalina / en donde la verdad vuelca su urna.*

No obstante, el camino de perfeccionamiento del espíritu humano que propone el utopismo cientista de la modernidad, lleva implícito un camino de vuelta tematizado constantemente en la deshumanización de los efectos concretos de la «modernización» y frente a la cual el «poeta lírico incorregible» necesita elaborar una reacción «contrapastoral» –como diría Marshall Berman– que le permita encontrar el lugar en que su imagen pueda flotar libremente, por encima de las contradicciones de la vida prosaica y utilitarista[2]. Esa reacción está ya tematizada en la recuperación radical del espiritualismo analógico que realizan Darío y los modernistas con la ayuda de los planteamientos simbolistas, y es una reacción condenada al fracaso, al vislumbre, a la simple percepción del instante «harmónico», de la fusión con la totalidad cósmica. Por eso Darío, en el poema que cierra *Prosas Profanas,* reconoce que él solamente «persigue una forma que no encuentra su estilo, y no halla sino la palabra que huye, la iniciación melódica que de la flauta fluye...» Es decir, el lugar al que arribamos no es el final del camino, sino que nos conduce, una vez más, al punto de partida. El recorrido, desde ese punto de vista espiritual, ha sido un fracaso, sin embargo –y paradójicamente– los medios utilizados para ese recorrido, los poemas, la

2. Empleamos estos términos en el sentido en que los utiliza Marshall Berman en el capítulo «Modernismo pastoral y contrapastoral» de su obra *Todo lo sólido se desvanece en el aire,* Madrid, Siglo XXI, 1988. *ob. cit.* págs. 132-141.

poesía, suponen el triunfo de la «humilde y pobre» poesía, como diría más tarde Borges, el triunfo incluso sobre la muerte.

Sin embargo, la muerte es asunto de la carne y, sobre todo, de la vida. De ahí que el libro siguiente, *Cantos de vida y esperanza,* se centre fundamentalmente en este drama del poeta moderno. Con este texto, Rubén completa su «viaje», profundizando en la expresión de otra de las grandes preocupaciones finiseculares que siempre había permanecido emboscada en las entrelíneas de su poesía desde los primeros libros, pero que nunca se había manifestado abiertamente hasta ese momento. El poeta profeta es también humano, «demasiado humano», tiene los pies de barro. Los *Cantos...* trazan, pues, el camino de vuelta hacia los orígenes, hacia una lectura, otra vez, tradicional del idealismo y lo trascendente en todas sus temáticas: la abstracción religiosa, la naturaleza sagrada, el arte como «moralidad social», el amor como redención, el «ubi sunt», en definitiva: «...y sufrir por la vida y por la sombra y por / lo que no conocemos y apenas sospechamos, / y la carne que tienta con sus frescos racimos / y la tumba que aguarda con sus fúnebres ramos, / ¡y no saber adónde vamos, / ni de dónde venimos...».

La trascendencia que el discurso poético de Darío ha tenido para las generaciones posteriores es hoy un hecho indiscutible, tanto en Hispanoamérica como en España, pero no fue así para sus contemporáneos ni para los poetas que vendrían inmediatamente después de él. Es cierto que las reticencias de escritores como Valera, Clarín, Unamuno, etc., fundamentadas en criterios morales y nacionalistas antes que en objeciones estrictamente literarias, quedaron muy suavizadas por la adhesión decidida de otros como Valle-Inclán, Juan Ramón Jiménez, los Machado, etc. De cualquier manera, el espiritualismo cristiano tradicional de la España finisecular no estaba preparado para digerir la transgresión ideológico-estética que Darío y el Modernismo representaban, a pesar de que algunos de los debates intelectuales sostenidos en el seno del pensamiento español del fin de siglo se plantearán, en el fondo, en términos muy parecidos a los de la problemática modernista. Quien lo entiende mejor es el propio Juan Ramón cuando define al Modernismo como un movimiento general, teológico, científico y literario, que llenará todo el siglo XX, el llamado también por él, «siglo modernista». Efectivamente, Darío y el Modernismo inauguran en la poesía en lengua castellana, un modo de *resacralización* de la realidad inédito hasta ese momento, que tiene más que ver con la «trascendencia del ser» que con las «trascendencias de las religiones oficiales», un modo de buscar lo sagrado en el interior de la condición humana, en la privacidad, más que en abstracciones o creencias exteriores. Un modo de *resacralización* que además construye la figura pública del poeta, su actitud social y moral, durante el siglo XX. Es decir, la de ese personaje que aún ostenta las «antenas de la especie» –como diría Ezra Pound–, que aún conserva en su capacidad de intuición y en su comercio familiar con los espacios puros de la condición humana, el fuego sagrado del espíritu humano.

Los movimientos de vanguardia arremeterán contra Darío y contra el Modernismo, a pesar de que son el último escalón en la brecha que el Modernismo abre en la concepción tradicional del arte, defendiendo la «autonomía» y la «especialización». De cualquier manera, es coherente este enfrentamiento, pues –como señaló Gutiérrez Girardot– para Darío y los Modernistas «lo nuevo es la tradición», el manierismo de la tradición, y para la vanguardia la tradición es el enemigo a batir, frente al nuevo concepto de «imaginación creadora». No obstante, los ataques a la sensibilidad modernista son, casi exclusivamente, formales. Si analizamos detenidamente la trayectoria de los grandes poetas hispánicos del siglo XX, una vez superada la etapa estrictamente vanguardista, la mayoría de ellos abrazan la concepción profética del poeta, su «trascendencia en sí», aunque ésta se fundamente a veces en nuevas concepciones abstractas de la realidad, como la «revolución» o el «pueblo». Y del mismo modo, el sistema analógico de comprensión de la realidad provoca el desarrollo de un cierto «neomisticismo» que se materializa en la *resacralización* de la realidad a través de la poesía y de sus sacerdotes los poetas, desde Juan Ramón Jiménez hasta Octavio Paz o Pablo Neruda. No es de extrañar, por tanto, que cuando en la etapa más contemporánea de la poesía española, tras la dictadura franquista, se publica la famosa antología de Castellet *Nueve novísimos poetas españoles* que intenta la recuperación del discurso poético interrumpido por la guerra, alguno de los más destacados poetas antologados como Pedro Gimferrer, Guillermo Carnero, o algún otro perteneciente a la misma generación como Luis A. de Villena, reivindiquen la estética modernista en artículos y antologías. Incluso la que podríamos considerar «línea crítica» con esa concepción *resacralizadora* de la poesía y el poeta, aquella que se extiende desde Machado, Vallejo, Borges, Cernuda, etc., hasta la Generación del 50 y la reciente poesía de los años 80, aquella que defiende la necesidad de una poesía que hable familiarmente al lector con el discurso de un hombre a otro hombre, de un hijo de vecino a otro hijo de vecino, sin la grandilocuencia profética, no podría entenderse, no podría haberse desarrollado nunca sin ese primer paso de *resacralización profana* que realizan Darío y los modernistas, sin su inventario de dioses y religiones muertas, sin su almacenamiento manierista de modos y recursos retóricos, sin la frivolidad y el decadentismo que sitúan al hombre solo e indefenso frente a su propia imagen. Ese hombre solo e indefenso que buscará consuelo ahora en la humilde, verde y pobre –pero inmortal– poesía, en las fraternales palabras de familia.

A OTRO FIN DE SIGLO

Dos grandes lineas pueden trazarse en el panorama más reciente de la poesía hispanoamericana: de una parte la que podríamos definir como *la tradición de la ruptura,* utilizando un argumento clásico ya de Octavio Paz, y de otra la que podría caracterizarse como *la tradición de las tradiciones*, siguiendo las ideas literarias de Jorge Luis Borges.

La primera línea, ligada en su momento inaugural a los procedimientos vanguardistas, a la recuperación neovanguardista, y en un segundo momento a lo que se viene dando en llamar «poética del silencio», se manifiestó desde los años sesenta del siglo pasado en una suerte de maridaje con los utopismos sociales que se desarrollaron en toda América Latina, intentando imitar el modelo cultural que propuso la Revolución Cubana. Eran los años de la protesta estudiantil, del nacimiento de los movimientos guerrilleros, de la recuperación de la utopía «mundonovista» a través de los análisis y las categorías del marxismo. Se pensaba que la literatura debía ser también convulsionada por los cambios revolucionarios, cambios que en este caso convenía ejecutar en la materia prima de su sistema, es decir, en el lenguaje. Los nuevos planteamientos encaminados a la construcción de una estética marxista, muy tamizados por el estructuralismo francés y las teorías de la Escuela de Francfort, intentaron evitar las contradicciones del estalinismo encarnado en el «realismo socialista» que anatemizó como «degeneración burguesa» cualquier tipo de práctica estética vanguardista. Se dio así el caso curioso de que, a pesar de las distancias estéticas, convivieron dentro de los mismos planteamientos utópico-revolucionarios, dos maneras poéticas cuya razón de ser nació del «puro» enfrentamiento: la estética neovanguardista y la llamada poesía conversacional, sujeta en muchos casos a los dictados de aquella retórica oficial soviética que buscaba expresarse a través del citado «realismo socialista».

Veamos un ejemplo: Javier Lasarte, en su antología de la poesía venezolana actual, *40 poetas se balancean. Poesía Venezolana (1967-1990). Antología*, señalaba lo siguiente:

> La poesía que reflexiona sobre temas habituales en la Modernidad desde el Romanticismo –el yo, el tiempo, la existencia, el mundo,

los límites de la escritura–, abandona el tono y el empaque grandilocuente de los años cuarenta para retomar poéticas cercanas a los postrománticos europeos y a tradiciones que proceden de diversas vanguardias históricas... Es también el momento en que la poesía de tema social o político, explora nuevas posibilidades... y se transforma en palabra irreverente y agresiva, abiertamente polémica, acercándose en algunos casos a la antipoesía, la poesía exteriorista o conversacional, incorporando la experiencia y a veces el lenguaje coloquial como materiales de primer orden...[3]

En realidad, comprenderemos fácilmente la aparente paradoja de este maridaje si nos detenemos a analizar las causas que lo provocaron. Las dos tendencias parten de una misma idea refundadora del discurso poético: cada una cree a su manera en la capacidad «autorregeneradora» del lenguaje –ya sea desde la forma o desde el contenido– y en la visión hegeliana de la función social del poeta, del artista, en su carácter «heroico», «profético».

Lo cierto es que a partir de la antología que Roberto Retamar y Fayaz Jamís publican en 1959, *Poesía Joven de Cuba,* aparecieron en Hispanoamérica toda una serie de grupos poéticos, revistas, colecciones, obras individuales, etc., en los que se podía advertir una marcada identificación entre el proceso de renovación –en muchos casos «subversión»– poética y la militancia y el activismo político. Junto a los cubanos, poetas de una generación mayor como Mario Benedetti, Juan Gelman o Ernesto Cardenal, actuaron como guías de estas nuevas hornadas que se extienden desde *El Caimán Barbudo* cubano y las excelentes obras de Luis Rogelio Nogueras, Raúl Rivero o Guillermo Rodríguez Rivera, hasta grupos y movimientos como *Los Nuevos* en Perú (entre los que destacan las obras de Antonio Cisneros o Rodolfo Hinostroza); *Sardio, El Techo*

3. Lasarte, Javier, «Introducción» a *40 poetas se balancean. Poesía Venezolana (1967-1990). Antología,* Caracas, Fundarte, 2ª ed. 1994, págs. 7 y 8.

de la Ballena o Tabla redonda en Venezuela; los poetas cercanos a la *Onda* mexicana (destacando el nombre de Jose Emilio Pacheco); la obra de los chilenos Oscar Hahn y Raúl Zurita, o los bolivianos Eduardo Mitre y Pedro Simoshe, etc., etc. Haciendo extensivas las palabras que Federico Schopf dedica a las promociones chilenas de los sesenta, podríamos decir que «en la mayoría de estas proposiciones el experimentalismo, la desconfianza ante el lenguaje como medio expresivo y de conocimiento, la desacralización de la literatura y la mezcla de géneros literarios y otras artes, la fragmentación y discontinuidad del sujeto poético, la fracturación del discurso y la escritura –todas características que cierta voluntad neovanguardista pretende como su *diferencia*, su novedad en el mercado– son parte constitutiva de sus obras y de su comprensión del trabajo poético y la escritura»[4].

A partir de los años setenta, en unos casos por evolución natural, en otros por acontecimientos traumáticos ajenos al desarrollo normativo de la poesía misma, esta línea va decantándose hacia lo que podríamos definir como una «poética del silencio», una poética «esencialista» muy en la linea del Octavio Paz de aquellos años, el de *Los Signos en rotación* y *La Centena*. El mismo Paz funda en 1976 la revista *Vuelta*, desde la que ejerce una notable influencia sobre los autores que van surgiendo como Manuel Ulacia o Alberto Blanco y sobre grupos aglutinados en torno a otras publicaciones entre las que podemos señalar los *Cuadernos de Literatura* y *El Zaguán*. Esta influencia llega a ser tan asfixiante que hace afirmar a uno de los más cualificados representantes de la última poesía mexicana, Vicente Quirarte, lo siguiente: «un gran poeta nos deslumbra y nos enferma, nos marca y nos irrita, porque de pronto intentamos una aventura verbal análoga y nos encontramos con qué todo está escrito». También escritores de

---

4. Schopf, Federico, «Advertencia preliminar» a *Poesía chilena de hoy*, selección de Erwin Díaz, Santiago de Chile, Documentas, 5ª ed. 1992, pág. 18.

otras latitudes como el uruguayo Eduardo Milán, los venezolanos Hanni Ossot, Enrique Mújica, Eli Galindo, y en cierto sentido el chileno Raúl Zurita, etc., estarán próximos a esta tendencia.

No obstante, conviene aclarar que no ocurre lo mismo en todos los países, ni en todas las zonas de influencia. En Cuba, a raíz del estallido del «caso Padilla», con la interpretación que la burocracia hace de las palabras de Fidel Castro en el Primer Congreso de Educación y Cultura y la represión que se desencadena contra la homosexualidad y las actitudes artísticas consideradas como decadentes, la situación se radicaliza y los principios emanados del «realismo social» se institucionalizan como dogma del aparato cultural revolucionario. Y lo cierto es que esta situación provoca un empobrecimiento de los presupuestos «fundadores» defendidos por los jóvenes *caimanes,* además de un fenómeno de «silencio» protagonizado por ellos mismos y muchos de los poetas «mayores». También movimientos que pueden parecer pintorescos, como el *tojosismo,* que intenta recuperar un cierto tipo de poesía popular con raíces folclóricas, una especie de neocriollismo nacionalista. A pesar de todo, la poesía cubana de esos años no llega a sumirse totalmente en el pantano de la banalización coloquial o panfletaria; no hay tiempo, si aceptamos como suelen aceptar la mayoría de los críticos que la reacción se produce a partir de 1976. Por otra parte, libros importantes de autores respetados por reseñas y antologías, además de otros no tan respetados, pero, a nuestro juicio, de indudable calidad y trascendencia para el futuro, se publican en esos años.

De cualquier modo, lo significativo sí es, como señala León de la Hoz, que en los años 70 se produce un auge de lectores y escritores, y que ahora se extiende a todo el país[5]. Este fenómeno de masificación de la cultura que en Cuba se produce desde una

5. De la Hoz, León, *La poesía de las dos orillas. Cuba (1959-1993). Antología,* Madrid, Libertarias/Prodhufi, 1994, pág. 34.

planificación educativa socialista, en el resto del continente está apareciendo también, aunque por otros caminos. Lasarte lo señalaba en el libro anteriormente citado, al afirmar que «los poetas que publican a partir de los años setenta lo hacen en un país en el que se ha consolidado el proyecto social y político del 58 y se ha instalado la derrota de proyectos sociales o culturales críticos y alternativos. Los sueños y luchas de los sesenta dejan paso a la idea de fracaso, de imposibilidad y desconcierto»[6]. Este fracaso político se materializa en otros países de un modo mucho más trágico; Schopf lo define en el caso chileno del siguiente modo:

> El Golpe Militar de 1973 fue una experiencia decisiva –un remezón, una reacomodación de la historia– para todos y todos se hicieron cargo literario de él, en la medida de sus fuerzas, desde el silencio o un silencio prolongado hasta la elaboración de una escritura capaz de representar los cambios. El exilio y el exilio interior produjeron «frutos del país».[7]

Está claro que con estas consideraciones Schopf intenta explicar las características de su propia generación, la llamada «generación dispersa» y a la que también pertenecen poetas como Oscar Hahn, Waldo Rojas, Gonzalo Millán, etc., y de otros poetas más «singulares» como el Raúl Zurita de *Purgatorio,* un libro que se escribe como crónica desesperada del exilio interior, pero también podrían aplicarse a la situación argentina, a poetas como Santiago Sylvester o Leopoldo Castilla, a la situación uruguaya y poetas como Cristina Peri-Rossi, etc.

Otros procesos son especialmente particulares como el caso del Perú, en donde, como señala Julio Ortega:

---

6. Lasarte, Javier, *Ob. cit.,* pág. 9.
7. Schopf, F., *Ob. cit.,* págs. 18 y 19.

Habían terminado, en efecto, las ilusiones liberales y revolucionarias de los años 60. Ya en el 74 empezaba la serie catastrófica de las crisis sucesivas, que terminarían por desarticular los proyectos de democratización modernizadora, instaurando una grave fractura social y política, que los grandes movimientos populares de fines de los 70 y mediados de los 80 no pudieron vertebrar políticamente. Todavía hoy creo que la violenta interrupción del proceso reformista y nacionalista de Juan Velasco Alvarado, propiciada por la derecha conservadora y aplaudida por el autoritarismo de buena parte de la izquierda, canceló uno de los últimos proyectos de racionalidad modernizadora, cuya potencialidad para un socialismo democrático era real.[8]

De cualquier modo, la interrupción de los procesos democráticos y la eliminación de las ilusiones liberales y revolucionarias en la mayoría del Continente, no impidieron el avance del neocoloniaje desplegado por las más importantes potencias económicas en lo que la sociología define como «fase del capitalismo tardío». Casi todos los críticos que se han ocupado hasta el momento de este tema coinciden en señalar que con la generación llamada de «los novísimos», «los contestatarios del poder», «la generación del 68» o la «generación de la crisis», aparecen en la literatura hispanoamericana, en torno a la figura del escritor y el intelectual, una serie de características, de rasgos y actitudes completamente nuevos, inéditos hasta ese momento, y que condicionarán en los años siguientes, esto es en los setenta y ochenta, el desarrollo no sólo de la literatura sino incluso de lo que podríamos llamar la sociedad literaria. Claro está que bajo las dictaduras militares ese cambio tiene unas características particulares, pero no por ello deja de producirse en términos muy parecidos a los del resto del Continente.

---

8. Ortega, Julio, «Biografía de los sesenta: la poesía en el perú», en V.V.A.A., *La poesía nueva en el mundo hispánico, Los últimos años*. Madrid, Visor, 1994, pág. 245.

Ese contexto estaría marcado por un fenómeno económico social que los sociólogos han dado en llamar «desarrollismo». También en Hispanoamérica, sobre todo en algunos países como México, Argentina, Venezuela, Chile, Uruguay, etc., los años sesenta traen una época de despegue económico y desarrollo social. No vamos a entrar aquí y ahora en las causas posibles de este fenómeno, ni en las prontas y catastróficas consecuencias, ni, por supuesto, en sus explicaciones más o menos tradicionales, entre otras cosas porque las teorías histórico-sociales que hasta hoy habían intentado analizar estos hechos se encuentran actualmente en el centro de una polémica que, en muchos casos, exige la revisión de la mayoría de sus presupuestos. Lo que nos interesa fundamentalmente es constatar unos hechos que contribuyeron decisivamente a conformar la educación sentimental e intelectual, esto es, la «esfera ideológica» de, al menos, dos generaciones de escritores[9].

La primera consecuencia que este desarrollismo tiene para los jóvenes escritores de los años sesenta y setenta, vendrá determinada por el impacto que en su educación cultural supone la irrupción de los «medios de comunicación de masas». El cine en primer lugar, la televisión más tarde, la publicidad, la nueva música popular convertida en un objeto cotidiano e imprescindible para los jóvenes gracias a la industria del disco, la fotocopiadora que facilita por una parte el acceso a lo escrito y la fácil difusión de lo «escrito», la grabadora –el magnetófono– que tanta importancia tendrá más tarde en la literatura testimonial, el desarrollo de las comunicaciones que democratizan la aventura del viaje y destruyen el mito del espacio insalvable, etc., etc., van ayudando a construir una nueva percepción de la realidad, así como una nue-

9. Utilizamos un concepto puesto de moda en la actualidad por la revisión reciente de la obra de Bajtin, pero tan «antiguo» como la Escuela de Francfort o las teorías de Louis Althusser.

va sensibilidad o sentimentalidad, una nueva perspectiva a la hora de elaborar posibles representaciones artísticas de esa realidad.

De otra parte, el desarrollo económico propicia una mayor democratización de la educación, haciéndola cada vez más asequible para unas clases medias día a día más numerosas. Además, los mercados procuran abrirse a nuevos consumidores de productos a medias culturales y a medias de ocio como la música, los deportes, el libro, etc., y los jóvenes aparecen como los principales destinatarios de esta expansión comercial que, poco a poco, va creándoles nuevas necesidades y, simultáneamente, generando un verdadero culto por la juventud y sus cualidades de espontaneidad, acción, autenticidad, rebeldía, etc., etc. Y esta universalización del mercado afecta también al espacio de lo literario en dos sentidos: estos jóvenes son por primera vez en su historia potenciales consumidores de manera inmediata de «cualquier» clase de literatura y, al mismo tiempo, se constituyen en presuntos productores de ese «mercado universal de la literatura», tal y como lo denomina Ángel Rama[10].

Estos jóvenes se desenvolvían en una vida fundamentalmente «urbana», en ciudades que habían alcanzado un enorme desarrollo y cuyas condiciones determinaban tanto sus expectativas como las nuevas motivaciones estéticas que creían necesarias para la elaboración de una nueva literatura. Sus influencias serán, por tanto, fundamentalmente foráneas. La cultura estadounidense con una literatura joven –sobre todo Kerouac y la generación Beat–, con la música rock llena de textos urbanos dirigidos a satisfacer las inquietudes de jóvenes urbanitas, las intensas imágenes cinematográficas, etc. De otra parte, la literatura y filosofía francesas: el existencialismo de Camus y Sartre, el feminismo de Simone de Beauvoir, las nuevas teorías del estructuralismo y más tarde sus derivados postestructuralistas: la semiótica, la deconstrucción, el

10. En «Los contestatarios del poder» II, *Quimera,* nº 11, Barcelona, Julio-Septiembre, 1981, pág. 26.

pensamiento de Michel Foucault, el psicoanálisis de Lacan y Kristeva, la «nouvelle vague» cinematográfica, con Godard, Truffaut, Rhomer, etc.

Aunque conviene aclarar, como hace Rama en el artículo citado, que «...no se trata simplemente de la influencia de los largos brazos de los *mass media* norteamericanos (...) sino de la peculiaridad regional en que se vivió una mezcla transculturadora que no agostó, ni pervirtió, las tradiciones propias que ya tenían varios siglos»[11].

Por lo tanto, en lo relativo a las innovaciones que podríamos considerar más estrictamente radicales, habría que hablar en primer lugar del impacto que produce la cultura de los *mass media* en las obras que comienzan a publicarse a finales de los sesenta y principios de los setenta. Así, las imágenes cinematográficas, los guiones, las radionovelas y telenovelas, las letras de canciones, desde el rock al bolero, el lenguaje de la publicidad y el periodismo, la estética *kitsch* y cursi, etc., etc., comienzan a erigirse en materiales sustentadores de unas estructuras poéticas –y también narrativas– muy cercanas al pastiche, con lo que se estructura la transculturación a la que se refería Ángel Rama.

Esta literatura, cuyo paisaje fundamental es, como ya hemos dicho, el de la ciudad, intensifica su carácter lúdico, y no se contenta con la concepción heredada del vanguardismo, sino que va más allá despojando de trascendencia tanto sus presupuestos como sus objetivos, huyendo de las tentaciones abarcadoras de un mundo y centrándose en los espacios más concretos, hasta el punto de crear con la utilización exagerada de lenguajes particulares –*slangs*– una especie de retórica ininteligible fuera de las fronteras del espacio ciudadano que las alimenta, como ocurre en el caso de la *Onda* mexicana, de los grupos *Tráfico y Guaire* y de algunas otras manifestaciones caribeñas. Poco a poco, la producción literaria de estos años se va constituyendo no sólo como una escritura con vocación

11. Ibid., pág. 49 del nº 9-10.

contracultural, sino sobre todo –y aquí se distancia definitivamente de su herencia vanguardista– como un espacio «descreído», es decir, que no participa de la creencia tradicional en el carácter solemne y trascendente de la poesía y el arte. Estamos, pues, en los albores de los años ochenta y simultáneamente –es también una cuestión cronológica– en el prólogo a los planteamientos de la segunda linea antes esbozada. El lema del grupo *Tráfico* puede utilizarse como consigna para buena parte de la poesía de estos años: «Venimos de la noche y hacia la calle vamos»[12].

Esta segunda linea, la de la *tradición de las tradiciones* ha sido menos cultivada por los poetas hispanoamericanos contemporáneos y, aún hoy, no podemos afirmar que sea la tendencia hegemónica en ningún país del continente, al contrario de lo que ocurre en España. Y no deja de ser curioso porque, si exceptuamos a Octavio Paz, casi todos los grandes poetas hispanoamericanos del siglo XX, los fundadores, como los llamó Yurkievich, Borges, Neruda, Vallejo, demuestran en sus trayectorias literarias la necesidad de recuperar sus propias tradiciones, una vez explorado el territorio vanguardista, a fin de dialogar así fructíferamente con los lectores y con la propia historia literaria de cada país. Quizás la proximidad, el excesivo peso de estos grandes poetas no ha permitido a las nuevas generaciones recibir sus aportaciones con la perspectiva necesaria[13]. Quizá acontecimientos de urgencia política o social han ensombrecido la oportunidad de un proceso de normalización poética. En Argentina, por ejemplo, tras el paréntesis traumático comprendido entre 1976 y 1983, cualquier recuperación de la tradición se ha visto como una caída en el reaccionarismo. Todavía en 1989 la revista *Diario de poesía* dedicó su número 13 a descalificar la figura y la obra de Leopoldo Lugones; Borges es un poeta prácticamente incomprendido por los más jóvenes,

12. La frase es una manipulación intertextual de un verso de Vicente Gerbasi.

13. Yurkievich, Saúl, *Fundadores de la nueva poesía Latinoamericana,* Barcelona, Barral Editores, 1971

y escritores inteligentes y brillantes como Elvio Gandolfo, Jorge Fonderbrider, Daniel Samoilovich o Jorge Ricardo Aulicino, se ven en la obligación de recurrir a una tradición foránea, la del «minimalismo» norteamericano para refundar un proceso de normalización poética, trágicamente frustrado.

No obstante, en ámbitos como el colombiano, en donde, como señala Ramón Cote, «nunca existió la tradición de la ruptura» esta tendencia se ha abierto paso con bastante naturalidad[14]. La poesía de Cobo Borda o la de William Ospina, la de Orlando Gallo, Juan Manuel Roca o Piedad Bonnet, se inscriben en lo que el propio Cobo Borda ha definido como «el marco de una tradición» que se extiende desde José Asunción Silva hasta Álvaro Mutis o Aurelio Arturo[15].

En una línea semejante de recuperación del espacio clásico se puede inscribir también la poesía del peruano Eduardo Chirinos, una poesía que pretende el gran aliento poético de la tradición culturalista, en la que el personaje poético se enmascara continuamente tras los pretextos mitológicos o intertextuales, aunque con plena conciencia «irónica» de su fracaso, del fracaso del profeta que finge ser. Hay en Chirinos, dentro de toda esa aparente puesta en escena grandilocuente, una lucidez humilde y muy humana, característica de la tradición hispanoamericana y, más en concreto, de la peruana, una lucidez que está mucho más cerca, por verdad, de Vallejo o de la poesía quechua que de los canonizados discursos europeos. La transculturación de que hablaba Rama se da en esta poesía de un modo natural y admirable.

Con otro sesgo, y de un modo parecido a lo ocurrido en España, tanto en México como en Venezuela, se ha recuperado esa *tradición de las tradiciones*. En México, tras los excesos conversaciona-

---

14. En «Los últimos veinte años en la poesía colombiana», *Ínsula*, Madrid, nº 512-513, Agosto-Septiembre, 1989, págs. 43-44.

15. En «La poesía en Colombia: también en crisis», en *La poesía nueva en el mundo hispánico, Ob. cit.*, pág. 143.

les y esencialistas, poetas como Vicente Quirarte y Fabio Morábito, otro de los grandes nombres del panorama actual, se afanan en ese proceso de normalización que lleva aparejada la posibilidad de elegir el lugar de la tradición –o las tradiciones– en el que el poeta quiere inscribirse y, simultáneamente, la elaboración de un lenguaje propio, pero capaz de dialogar con la realidad cotidiana de los lectores. Como el propio Morábito ha afirmado, sus textos «ponen atención a ciertas cosas reales, normales, observables y a partir de eso es como toda poesía se construye. Un poema no puede quedarse en ser una descripción porque nunca puede serlo de una manera pura; siempre supone una elaboración que la convierte de observación meramente sensorial en observación poética»[16].

En Venezuela, como ya hemos dicho, serán los grupos *Tráfico* y *Guaire* al comienzo de los ochenta los que reivindiquen una poesía enfrentada tanto con el esteticismo de los setenta como con el compromiso social de los sesenta. Una poesía que se define como coloquial, urbana, desprejuiciada y desmitificadora, pero recuperando los recursos de la tradición propia y ajena sin abandonarse al esteticismo. Armando Rojas Guardia fue el principal animador de esta tendencia, junto a Rafael Castillo, Rafael Arráiz y Yolanda Pantin, por citar algunos nombres de los más significativos. Lo interesante de este movimiento es, como ha señalado Juan Liscano, que «después de la algarada inicial, destinada sobre todo a romper los lazos con una concepción profética de la poesía, cada poeta ha cultivado su propia personalidad, recurriendo a los modelos y tradiciones que le ha parecido más eficaces, pero siempre dentro de un discurso concebido como diálogo con la realidad y los lectores»[17].

Otro tanto ha ocurrido en Cuba, en donde el proceso de normalización se ha entendido como una superación de las limita-

---

16. Citado por Ramón Cote en *Diez de ultramar. Joven Poesía Latinoamericana*, Madrid, Visor, 1992, pág. 134.

17. Liscano, Juan, «Vista de la poesía venezolana», en *La poesía nueva en el mundo hispánico, Ob. cit.* pág. 279-291.

ciones conversacionales de los años sesenta y una recuperación de valiosas tradiciones, por ejemplo la de *Orígenes*, pero sin retroceder en lo concerniente a la utilidad moral de la poesía, a su carácter reflexivo y dialogante con la realidad de un país sumido en una tremenda crisis, al cultivo de la inteligencia a través del discurso poético. José Pérez Olivares, Emilio García Montiel, Antonio José Ponte o Laura Ruiz, serían otros tantos eslabones en este proceso de normalización. Si algo ocurre desde 1980 en adelante es precisamente la profundización y el ensanchamiento de ese camino.

Junto a estas dos grandes lineas que venimos rastreando en la más reciente poesía hispanoamericana, quizá podríamos establecer una tercera, cuyo exponente áureo sería el poeta chileno Nicanor Parra. Un poeta que, por una parte, recupera en su obra una cierta línea tradicional –en libros como *Cancionero sin nombre o La Cueca Larga*– elaborados desde el neopopularismo, desde un lenguaje conversacional, casi dialectal, apoyado en la estructura estrófica, etc., y por otra recupera la llamada *tradición de la ruptura*, esto es, la vanguardia en sus planteamientos más modernizadores: desacralización del arte, antirretoricismo, antiheroísmo del personaje poético, «antipoesía» en definitiva, como él mismo la llamó. Desde aquí, Parra abre un espacio que podríamos definir como auténticamente posmoderno, ya que desde él se revisita la tradición con ironía, reflexión y diálogo en todas sus derivaciones, incluso las frecuentadas por los más jóvenes. Creo que el ejemplo de Parra puede abrir un camino muy fructífero para las últimas generaciones, incluso aquí mismo en España. Y este magisterio, junto al de otro poeta que se inserta en una tradición de fuertes raíces naturistas, Jorge Teiller, se aprecia en las últimas promociones poéticas chilenas. Omar Lara, Javier Campos, José María Memet, Teresa Calderón o el inevitable Raúl Zurita, pueden señalarse como algunos de los más significativos. Tanto Teresa Calderón como José Mª Memet continúan, en cierto sentido, la linea abierta por Nicanor Parra en lo referente a tono y recursos expresivos. Calderón, sin embargo, introduce una crítica ácida a lo establecido desde un punto de vista, si no feminista, sí claramente femenino. Es un discurso que aboga por la abolición de un mundo separado entre hombres y mujeres, y en este sentido aunque deudora de ella, su crítica es mucho más positiva que la de Parra. Memet, por su parte, mantiene el principio de ironía radical que el maestro propugnaba, pero en todo lo demás no tiene nada que ver. Memet cree en el discurso poético, en su tradición; en un principio su poesía es vivida como historia más que como literatura, prefiere que su creación, como ha señalado Hugo Montes, exprese lo que acontece en el mundo de la verdad, pero más tarde la aproximación a lo coloquial es simultáneamente una aproximación al culturalismo, a la artificiosidad de las tradiciones. En relación a Zurita poco hay que decir, ha intentado continuar la tradición de la gran poesía épica chilena y, por ende, hispanoamericana, en su *Purgatorio* (1979) y en su *Anteparaíso* (1982). Poeta de amplios recursos, con oído y suficientes conocimientos retóricos, no ha desdeñado el desafío de apretar una vuelta más la tuerca de la neovanguardia.

Podemos concluir señalando que, como ha hecho ver Ramón Cote en su citada antología, hoy en día se observa en Hispanoamérica «una poética de espacios en formación» en la que «el poema admite todas las posibilidades. Regresivo, neoclasicista, provinciano, vanguardista, ya no se entienden como posturas defensivas o como baluartes para fundar una nueva poesía. Ya no necesita fundar para decir»[18]. Algo parecido ocurre en España. ¿No se parece este espacio poético de fin de milenio, a la situación que planteaba el pasado fin de siglo? Culturalismo –en su sentido más profundo–, necesidad de insertarse en la tradición de las tradiciones, descreimiento del componente heroico, tanto en lo estético como en lo social, etc. ¿No son rasgos muy similares? Sin duda sí,

18. Cote, Ramón en «Introducción» a *Diez de ultramar, Ob. cit.*, pág. 5 y 10-11.

pero con una diferencia fundamental: en aquella crisis todavía se mantenía muy firmemente asentada la creencia en el carácter demiúrgico del poeta, aunque fuese reduciéndolo al ámbito de lo estético; en ésta se apuesta por el poeta como «humilde hijo de vecino», en un acto de ironía radical, intentando así un diálogo, que se presume más fructífero, entre el legítimo derecho del ser humano a ser feliz y los imponderables constantes que la azarosa realidad siembra a su paso.

BIBLIOGRAFÍA

ANADÓN, Pablo, *Señales de la nueva poesía argentina,* Gijón, Libros del Pexe, 2004.

ARRÁIZ LUCCA, Rafael, *Antología. La poesía del siglo XX en Venezuela,* Madrid, Visor, 2005.

ARCOS, Jorge Luis, *Las palabras son islas. Panorama de la poesía cubana del siglo XX,* La Habana, Letras Cubanas, 1999.

BOCCANERA, Jorge, *La novísima poesía Latinoamericana,* México, Editores Mexicanos Unidos, 1980.

CALDERÓN, Teresa, CALDERÓN, Lila y HARRIS, Tomás, *Veinticinco años de poesía chilena (1970-1995),* Santiago de Chile, Fondo de Cultura Económica, 1996.

CARRERA, Arturo, *Monstruos. Antología de la joven poesía argentina,* Buenos Aires, F.C.E. 2001.

COBO BORDA, Juan Gustavo, «Los últimos veinte años en la poesía colombiana», *Ínsula,* Madrid, nº 512-513, Agosto-Septiembre, 1989, págs. 43-44.

CHOUCIÑO, Ana, *Radicalizar e interrogar los límites. Poesía mexicana 1970-1990,* México, UNAM, Biblioteca de Letras, 1997.

COTE, Ramón en *Diez de ultramar . Joven Poesía Latinoamericana,* Madrid, Visor, 1992.

DE LA HOZ, León, *La poesía de las dos orillas. Cuba (1959-1993). An-tología,* Madrid, Libertarias/Prodhufi, 1994.

DÍAZ, Erwin, *Poesía chilena de hoy,* Santiago de Chile, Documentas, 5ª ed. 1992.

ECHAVARRÍA, Rogelio, *Antología de la poesía colombiana,* Bogotá, Presidencia de la República, 1996.

ESPINOSA GUERRA, Julio, *Antología. La poesía del siglo XX en Chile,* Madrid, Visor, 2005.

ESTEBAN, Ángel y SALVADOR, Álvaro, *Antología de la poesía cubana. Siglo XX,* Madrid, Verbum, 2002.

FERNÁNDEZ, Teodosio y SALVADOR, Álvaro, «Poesía en lengua castellana en las islas del Caribe», Revista *Hélice,* nº 6, Granada, Invierno-Primavera 1996.

HERRERA, Ricardo H., *La hora epigonal. Ensayos sobre poesía argentina contemporánea,* Buenos Aires, Grupo Editor Latinoamericano, 1991.

LASARTE, Javier, «Introducción» a *40 poetas se balancean. Poesía Venezolana (1967-1990) . Antología.,* Caracas, Fundarte, 2ª ed. 1994.

MARTA SOSA, Joaquín, *Poesía y poéticas de Venezuela,* Madrid, Bartleby, 2003

ORTEGA, Julio, *Antología de la poesía hispanoamericana actual,* México, Siglo XXI, 1987.

—, «Poesía Iberoamericana del siglo XX» en Revista *Susana y los viejos,* nº 1 y 2, Madrid, 1997.

REVISTA LITORAL, *Poesía contemporánea chilena*, ed. de Marcelo Rioseco, nº 223-224, Málaga, 1999.

V.V.A.A., LA POESÍA NUEVA EN EL MUNDO HISPÁNICO. LOS ÚLTIMOS AÑOS. MADRID, VISOR, 1994

V.V.A.A., *Poesía de México. Antología del Premio de Poesía Aguascalientes*, Madrid, Ave del Paraíso, 1997.

NOTA PREVIA

La elaboración de una antología es, sin duda, una empresa arriesgada, cuyos resultados últimos en general dejan insatisfechos tanto a protagonistas como a posibles exégetas. Una antología que, además, pretenda ser representativa de todo ese espacio lingüístico y cultural que abarca la América Hispánica –casi un continente– y que intente ejercer esa representación con objetividad y justicia, está condenada de antemano al más rotundo fracaso. No existe, hoy por hoy, la posibilidad de cubrir técnicamente la información necesaria que más tarde nos permitiera evitar la injusta omisión por ignorancia.

¿Cómo hacerlas, pues, y con qué criterios? Pienso que con conciencia de los límites y con modestia, en primer lugar. En vez de embarcarnos en un proyecto imposible, será más honrado y más práctico adoptar un criterio más humilde, por ejemplo, el de simples lectores. Un criterio que, por supuesto, puede juzgarse como arbitrario, en la medida en que en primer lugar está condicionado por la arbitrariedad del «gusto», aunque, eso sí, un gusto también en cierto modo especializado. En definitiva, el lector de esta antología va a tener acceso a una muestra de poetas hispanoamericanos nacidos entre el año 1941 y el 1966, cuya obra de algún modo responde a la expectativas de ese primer lector que es el antólogo. No obstante, es conveniente aclarar que el carácter presuntamente arbitrario de la selección, o de la lectura que es en definitiva esa selección, ha sido matizado, filtrado, por la condición de lector especializado en literatura hispanoamericana que de igual modo ostenta el antólogo. En la medida de lo posible, éste ha procurado tener en cuenta valores de orden histórico y crítico que puedan contribuir a la mejor orientación de un número amplio de lectores, especializados o no. Entre estos criterios especializados ha prevalecido por una parte la voluntad de informar (dar a conocer poetas no difundidos suficientemente en España) y por otra la de respetar la repercusión obtenida por alguno de estos autores en sus propios países.

En definitiva, este es el resultado de una lectura rigurosa y desinteresada, en la medida que placentera, y que ofrecemos como un abanico, entre tantos, de ese espacio poético casi inabarcable que conocemos como «poesía hispanoamericana contemporánea». Pero no es el único, ni por supuesto el único posible.

LA PIEL DEL JAGUAR

25 POETAS HISPANOAMERICANOS ANTE UN NUEVO SIGLO

OMAR LARA

Omar Lara (Nueva Imperial, 1941) fue fundador y director de la revista Trilce, es además uno de los poetas más importantes de su generación. Nacido en Nueva Imperial ha desarrollado una intensa labor literaria, antes, durante y después de su exilio. Entre sus publicaciones se cuentan *Argumento del día* (1964); *Los buenos días* (1972); *Serpientes* (1974); *Oh buenas maneras* (1975); *El viajero imperfecto* (Bucarest, 1978); *Jugar con fuego* (Madrid, 1983); *Fuego de mayo* (1996); *Vida probable* (1999); *Bienvenidas calles de Perú* (2001) y *Voces de Portocaliu* (2003). Es un gran divulgador de la poesía rumana y ha traducido a Sorescu, Eminescu, Bogza, Naum y Doinas, entre otros. En 1975 recibió el Premio Casa de las Américas y en 1983 la Beca Guggenheim. En 1964 funda el grupo de poesía Trilce y la revista del mismo nombre que dirige hasta hoy, todo un aporte a la divulgación de la literatura, tanto nacional como extranjera. Actualmente reside en Concepción.

PODERÍO

Atravesamos muros
y vemos debajo del agua
hablamos con seres de otras edades
y adivinamos el porvenir
encontramos una aguja en un pajar
y la perdemos
                    oh dios.

GRAN HIMALAYA

Es un hecho que no subiré jamás a las cumbres del Gran Himalaya;
está escrito que los hombres allí se vuelven dioses
y el poder temible de la naturaleza disminuye a los seres:
sus pasiones,
a una blanda indolencia.
Pero yo no subiré al Gran Himalaya,
tropezaré con las piedras del camino,
me embriagaré con deleznables licores,
seguiré maldiciéndome con ternura.

LAS HORAS DEL LOBO

Difusos habitantes escudriñan

Nada

mueven los labios en un idioma que casi olvidé
aunque sé que estás aquí
al alcance de mi voz
a menos de un millón de kilómetros de distancia
debajo de tu blusa de lana
debajo de tu blusa de luna
caliente y hermosa.
Si todas las mujeres tiemblan bajo una blusa de lana
tibias en sus porosidades
si todas tiemblan
feas y lindas
qué puedo decir de ti
que eres mía y te amo
aunque no existas.

He vivido tantos años lejos de ti
rodeado de tu ausencia como una

isla

en las viejas casas de madera
en la tierra que no pisamos juntos
en la hierba en que no nos tendimos a mirar
las estrellas
he vivido tantos años lejos de ti.

Pero qué habría hecho sin tu ausencia todos estos años
qué habría sido de mí
hubiera podido incluso ser feliz.

Debo apresurarme,
se me hinchan las piernas
tú sabes
y en el cuerpo me aparecen unas fantásticas
placas aureoladas.

Me pregunto si llegaré a tiempo a tu cuerpo
tu cuerpo que se contrae con mi jugo de limón
debo apresurarme.
Debo apresurarme a pensar que debo apresurarme.

Tú que eres razonablemente feliz
¿has pensado en lo que nos espera?
Hay lugares que son sólo nombres
y otros
son sólo recuerdos
y nosotros buitres de los recuerdos.
He ahí esos despojos
un gesto
            una sonrisa
al paso del tren frente al suave lomaje
un furtivo paseo por el pueblo natal después de tantos
años.
Algo queda.
No es un festín
los huesos están roídos
                                    casi pulverizados
pero puedes buscar bajo las piedras
o lamer el polvillo.

Mas hay amor mío
lugares y destinos que parecieran estar
al otro lado del mapa
invisibles pero ciertos
con tranquilos crepúsculos
y en la distancia
cuerpos que se deshacen en dirección al sol
mientras salan sus cuerpos en la espuma.

Habremos envejecido junto a un cenicero repleto de
colillas
mirando algún retrato ya sin rostro
amarillo
y algún otro tesoro rescatado del tiempo.
Tú que podrías haber sido razonablemente
Feliz.

TOQUE DE QUEDA

Quédate
Le dije
Y
La toqué.

EN UN TREN YUGOSLAVO

1

A mi lado hablan los hombres,
dulces y agredidos,
fumamos y el humo nos une,
no entiendo qué dicen
pero cruzan las manos
en un gesto
que me es familiar.

2

Durante varias horas nos ha acompañado
un pequeño río
de grises y duras aguas.
Quisiera saber cómo se llama
¿cómo se llama este río?
Sonríen,
cómo se llama este río,
sonríen.
Este río se llama Sonrisa,
no hubiese podido irme sin saber su nombre.

ENCUENTRO EN PORTOCALIU

En ese tiempo yo corría detrás de una sombra.
Desde el décimo piso en el barrio de Drumul Taberei
yo miraba a través de una niebla caliente,
a través de una humedad humosa,
a través de las reverberaciones de agosto
una figura venía caminando
desde la parada de autobuses.
Una figura parecía dirigirse a mí,
yo la veía perfectamente desde el décimo piso
en el barrio de Drumul Taberei:
era la odiada figura conocida,
su aborrecible rostro estaba ahí y su pelo
que el sol no incendiaba y con él todo su cuerpo.
Yo miraba petrificado la escena,
los indolentes pasos y su entorno:
árboles, cosas en movimiento, el asfalto que el sol
ondulaba.
Yo miraba esa escena con su centro precioso...

En esos tiempos yo escribía un poema titulado
«Encuentro en Portocaliu»,
era necesario encontrarme rápidamente
porque –pensaba yo– ¿la poesía para qué puede
servir sino para encontrarse?
Eso fue después de escribir muchas cartas
preguntando
¿dónde estoy? Nadie sabía donde estaba
y no podían decírmelo,
de modo que empecé a decir a diestra y siniestra
protégeme con algo el corazón.

Protégeme con algo el corazón
seguía repitiendo
y como no me entendían
comencé a escribir unos poemitas insidiosos
relativos al río Dimbovitza,
relativos a la columna del infinito,
relativos al plan quinquenal.
Hasta que un día en Portocaliu.

Un día en Portocaliu
(en Portocaliu hay un sol amarillo como cáscara de naranja)
una tarde en Portocaliu
(en Portocaliu hay unos grandes pájaros con dos patas larguísimas y picos en forma de corazón)
una noche en Portocaliu
(estaba escrito que no te encontraría
en Portocaliu
pero guardo el recuerdo de esa espera y huellas
de picotazos en forma de corazón).

EN LA LAGUNA GATA

En la laguna gata de mis pies
sin nada que tocar con la mirada
abro el escote vago de la nada
y todo me dijera que después...

Pende el columpio arriba en su revés
el sueño aún no se encierra en el abismo
que jugaba a espantarse de lo mismo
y nada me dijera que después...

Hago un nudo en la nada y ya no es
sino apenas cobranza y arrogancia
del alimento estéril que las ansias
me hartaron prematuro de después.

DÍA DE MUERTOS

Bebo el vinillo triste de Imperial
con mi madre que amadra sin descanso
aquello que no sabe y no sabiéndolo
lo vuelca de un sentido sin sentido.
Una muerta en la boca me deslumbra,
una sombra
                              un sonámbulo tributo
el despertar confuso de otra sombra
que difunde mi aliento en la penumbra.
Una muerta que viene con el río,
una sombra que finge de estar viva.

Nos vamos y llegamos en un círculo
que al fin encontrará su punto cero
y no habrá verso
                              vino
                                        ni suspiro.

Cómo será sin lluvia y sin abrazo...
Será como esa piedra o esa hierba
o será como el viento que fatiga
la calle solitaria de Noviembre.

DIARIO DE VIAJE

Yo vivía en un barco
en el rincón más dulce de ese barco
en cubierta crujían las sogas y los fierros
en el cuarto más dulce yo escuchaba
escuchaba a cubierto de lluvias y de vientos
adorando como un náufrago a la dueña del viaje
a la que doy
temblando
mi precario bagaje.

Ella es mi salvadora
por lo tanto
mi dueña.
Me pregunto si sabe que es mi dueña
si sabe
que hay un náufrago entre el vino
y el viento
si se da cuenta
que en cada beso le doy mi última humedad
casi mi vida.
Es una frase grande
reconozco
pero un náufrago
se puede permitir ciertas licencias
y además
¿quién podría decir que no es verdad?

Amo ese barco.
Amo el susurro de los árboles
lejos
en la ribera.

Amo el sonido de sus pies sobre el suelo
desnudo
sobre todo
cuando viene hacia mí
amo su gesto
de hacer el pan
de encender el fuego
de mirar en la noche. Amo
su piel amada
su cintura en mis labios
amo sus ojos
en el éxtasis
la dulzura final
el milagro sagrado.
Hasta amo
sin quererlo
sus silencios.
Yo vivía en un barco
de hecho
sigo ahí
para siempre. Y si mi cuerpo se hunde
pienso que algo insistirá
insistirá
insistirá.
y alguna vez
tal como en esas viejas casas de madera
un aire loco
enloquecido
susurrará esa palabra que sólo ella conoce
que sólo yo conozco
y quedará
por un momento
quieta

y pensará
otra vez ese loco con su loca locura
ese susurro enamorado.
Otra vez.
Otra vez.

CÓMO SE HACE UNA TARDE

Éramos dos libélulas en torno al dulce vino
Éramos dos libélulas en la tarde quietísima
Volábamos
        Volábamos
Enredadas las alas
En la música antigua

Yo contaba tu sueño
Ese que me soñaste
Ese sueño de mí construyéndome en ti
Volaba el vino antiguo y yo lo trasegaba
En la boca de quién en el aire de quién

Éramos dos libélulas trastornadas y ciegas
Mientras la tarde armaba su pedestal ubérrimo
Su escalera su trino su nostalgia su plan
Su secreta artimaña

La tarde nos hacía a su amaño y su gracia
Nos besó y nos bendijo
Nos tomó de la mano nos condujo nos hizo
Brevemente tan sabios como esas dos libélulas
Que demoran su vino en la tarde estancada.

MADRE, ELLA ERA

Madre
ella era
la ola más bella
de tu río
y yo la amaba
como ama el campanero su infinito
o el errante los caminos polvosos
o el abigeo la luna furtiva
o el niño su ronda
o el aire su voluptuosidad
o la bala su abismo
o el río su delta
o la luz su danza
así yo la amaba
así yo la amaba
la ola más linda en la tarde
sinuosa y efímera.

Eran
madre
los tiempos
del alto runruneo de los álamos
de la noche pesada de Nohualhue
de los caballos chúcaros de Juan
eran los tiempos
madre
del río sin aliento de Jesualdo
y los tambores de áspero llamar.

Entonces yo me iba a la ribera
a mirar

la mirada
de la ola
y hubo días que estaba
y días
cuando estuvo más allá de mis ojos.

EN EL FUTURO, MADRE

En el futuro
Madre
yo estaré en el medio de la mar
como si me esperaran
todos los peces invisibles y mudos
por debajo de olas y corrientes.

Yo nadaré desnudo una vez más
con tu rostro marcándome las brazas
con tus menores gestos y demás.
Yo estoy
madre
mirándome en ti misma.

Este nadar en ti ya lo sabía
pero repito tanto y tanto gesto
en las más submarinas y espasmódicas
tormentas del venir y del viniendo.

Yo tiro de esta soga y tú
la guardas
en tu mano más suave de palmera
de colihue
de sauce
de junquillo.

Nado
madre
en la nada
nado y
nada.

MARCO MARTOS

NACIÓ en Piura (Perú) en 1942. Poeta y profesor realizó estudios universitarios en Lima, doctorándose con un atesis sobre César Vallejo. Ha publicado los siguientes libros de poemas: *Casa nuestra* (1965 y 1993), *Cuadernos de quejas y contentamientos* (1969), *Donde no se ama* (1974), *Carpe diem* (1979), *El silbo de los aires amorosos* (1981), *Muestra de arte rupestre* (*1990), Cabellera de Berenice* (1990, 1992 y 1994), *El mar de las tinieblas* (1999), *Montura de amor* (2001), *Jaque perpetuo* (2003). Su poesía completa fue reunida bajo el título de *Leve reino* (1996).

Ha sido traducido al francés, inglés, alemán y húgaro. En 1984 fue miembro del jurado del premio de poesía Casa de las Américas de Cuba. Como crítico literario ha publicado junto a Elsa Villanueva *Las palabras de Trilce* (1988), y en 1993 una antología de la poesía peruana de la generación del cincuenta.

CASTI CONNUBI

Cada mañana, marido y mujer, sentados y limpios,
comiendo tostadas, ruido de rata,
leyendo los diarios, matando las moscas,
hablando del clima, cada mañana,
esperan la noche, el hastío sexual:
fingirse dormidos, fingirse despiertos,
decirse palabras de libros de amor,
cada mañana, marido y mujer,
van al trabajo, regresan, almuerzan,
van al trabajo, regresan, se acuestan,
gordos, lustrosos, años de años,
esperan la noche, matando tostadas,
matando las moscas, matando los diarios,
matando los climas, cada mañana, gordos,
payasos, esperan la noche, el hastío sexual:
fingirse dormidos, fingirse despiertos,
decirse, palabras de libros de amor,
cada mañana, rata y rata, rata y rata.

(*Cuaderno de quejas y contentamientos*, 1969)

SAN MIGUEL DE PIURA

Encendí el corazón sobre los médanos,
en los soledosos algarrobos que continúan
la ciudad más allá de la postrera bandera blanca,
bordeando el camino de Los Ejidos, regado
por las cagarrutas de las cabras. El cielo era azul
con sus nubes pintadas y había un viejo caballo
y un burro blanco entre los grises.
He olvidado a qué íbamos a Los Ejidos
pero puedo adivinarlo mientras aspiro todavía
el aire luminoso de la infancia.
Los Ejidos: el olor de las cabras, la leche
de cabra, el queso de cabra que jamás
he encontrado después en la tierra.
A la hora del regreso el sol reverberaba
sobre los médanos y en llegando al recodo
del camino que divisa a la cruz del Norte,
bajo la sombra benéfica de los sauces,
los pequeños pudimos sumergirnos
en el río suavísimo y verdoso.
¡Han pasado años de años!, ¡me he mezclado
en tantas cosas!, y ahora que el sol
reverbera sobre el asfalto, no extraño
a esa patria, distante y diminuta.
O tal vez la extraño y por eso escribo.

EN LO MÁS DIFÍCIL

La mujer que me alucina
está en el otro lado del mundo.
Si acaso tengo voz,
si acaso me sostengo,
es porque ella existe
en medio de la neblina,
en el otro lado del mundo,
y si mi mano algo escribe
y cruza los cielos plomos
en forma de caricia
y de frío y de calor
que la envuelven dulcemente,
es porque ella vive y habla,
me sostiene, me da fuerzas,
cruza los cielos grises
y me toca con sus ojos
en la noche soledosa,
así tan lejos.
La mujer que me alucina,
me ama, me dice.
Pero estoy solo,
terriblemente solo,
muerdo mis días.
Soy sólo sombra
de un fantasma melancólico
que cuida a una mujer
allá en el Perú,
en lo más difícil.

(Grenoble, 20 de mayo de 1988)

ÚLTIMA HORA DE ABDERRAMÁN III

(Córdoba, año 961)

Muere el sol en la mezquita de Córdoba
y nace la noche en mi corazón. Y nunca más.
Mañana el astro volverá a su rito
y no habrá corazón en la oscuridad definitiva.
Astrolabios, relojes de arena, arrugas de mi rostro,
calendarios del Nilo, memoria de los creyentes,
soldados de mi espada, todos saben
y comentan cómo han goteado
cincuenta años de emirato y califato.
Tesoros, honores, placeres,
todo lo he tenido, todo
lo he desperdigado.
Mis rivales, los más grandes,
me estiman, me temen, me envidian,
besan protocolariamente el suelo sagrado
y suben arrastrándose hasta mi trono.
Todo aquello que los hombres desean
me ha sido donado por el cielo.
La noche viene. Ya cantan los pájaros.
En este tiempo largo de aparente
contentamiento he guerreado en Toledo,
en Mérida, en Zaragoza, he vencido
en todas las batallas, todas
las perfidias del reino las he dominado.
Las más hermosas mujeres de al-Andalus
me han sonreído en mi lecho, cada alborada.
La noche viene. Ya callan los pájaros.
Antes de irme quiero contar
los días en que fui feliz. Mi memoria

escudriña el pasado: sólo son catorce.
Creyentes, mortales, aprecien conmigo
la grandeza del mundo y de la vida.
La noche llega. Me llamaba Abderramán III.
Ésta es mi última palabra.

(*Cabellera de Berenice*, 1990)

EL MAR DE LAS TINIEBLAS

Carta Moral a Lucilio
Escribe Séneca (40 d.C.)

Solitario y débil,
el buey viejo
quiere pasto tierno
y los hombres,
no muy diferentes,
somos alimento
diario de la muerte.
Nuestros cocineros
circulando entre los fuegos
preparan manjares para muchos
y los labriegos en Sicilia
y en África, y acaso más allá
del mar de las tinieblas, siembran
hierbas aromáticas, hortalizas y frutales
para alimentar a Roma y a las ciudades
de los cuatro confines
en cada uno de los imperios.
Cada quien defiende con los dientes
su verdad en el foro.
Con discursos y denuestos
los antagonistas se acompañan.
La mujer discute con el marido.
Ambos escuchan el eco
de dos voces y como eso no les basta
engendran al hijo entre sollozos.
Condición del hombre es estar solo,
vivir lo breve en la incertidumbre.

En cualquier cosa que hagas, Lucilio,
pon tus ojos en la muerte.
Consérvate bueno.

(*El mar de las tinieblas*, 1999)

EN EL PUENTE DE LAS VACILACIONES AL BORDE DE UNA MAÑANA ETERNA

Yasunari Kawabata conoce a la danzarina de Izu.
(1923)

A lo lejos, es conmovedor el puente de madera,
suspendido sobre la curva del río.
Parece un adorno inextricable
entre las dos riberas. Algo amarillo hecho
como un lazo entre lo verde de los árboles.
Sólo llegando a pisar sus tablones
se percibe el deterioro como marca de guerra
y oscuro sello del tiempo:
diminutas incisiones, quemaduras,
picaduras de viruela de un cuerpo desesperado
o heridas a tajo hechas por un rápido cuchillo.
¿Está viva o muerta la madera o acaso está
agonizando por encima del agua? Nadie lo sabe.
A nadie le importa mientras sirva.
La llaman, según dicen,
el puente de las vacilaciones.
Avanzan los hombres hasta la mitad del río
y dudan entre irse al barrio del placer
o regresar a cumplir con sus deberes conyugales.
Eso ocurre cuando la noche toma su nombre.
Me gusta venir a la hora del ocaso,
cuando el sol tiñe de rosa
las copas de los árboles. Cada vez
me sorprende esta belleza natural
que el hombre no ha dañado con el puente
de madera. Pero hoy vi a una muchacha
en un momento diferente:

con la cara lavada bajo el sol de la mañana,
radiante, como si el tiempo no existiera
o fuera un presente eterno, cruzando
el puente de las vacilaciones,
tan resplandeciente como la mañana del primer día,
como un árbol caminando y ofreciendo sombra
a todos los hombres.
Me quedé confuso, contemplé el agua largo rato,
horas de horas, y me hice extrañas preguntas
sobre el objeto de la vida
hasta que llegaron los viandantes
con sus perplejidades, tal fantasmas bailarines
a la luz de la luna llena.
Me pareció entonces eterno el puente,
y sin heridas. Un Dios otorgando serenidad
a los alucinados de este remoto lugar del mundo.

SANCHO MEDITA SOBRE LA MUERTE

Come bien los carneros, los corderos,
la descarnada alegre engulle todo,
curiosa, tiene propio, lindo modo,
de arrebatar la vida, caballeros,
pisa las altas torres de los reyes,
las más humildes chozas de los pobres,
trae abajo a los tan fornidos robles,
abate a toda clase de dementes,
a los cuerdos los mata, fina hoja,
preeminencias hincha en sus alforjas,
no respeta a prelados ni a las mozas,
traga a todas las bellas, lo disfruta,
a la gente común se la manduca,
hidrópica, malvada, la gran puta.

LLANTO DE MARCEL PROUST

Me consideraba
incapaz de respirar sin ella,
desarmado ante todos los aspectos
de la vida.
Sabía a ciencia cierta
que iba a dejarme para siempre
y que su ausencia
sería un horrible suplicio.
Y no se equivocaba.
Mis días en lo sucesivo
han perdido su único objeto,
su única dulzura,
su único consuelo.
Escribir es como estar muerto.
Ando por el mundo
como un trompo con agujeros
que sigue en el combate
por inercia.
Paz, ternura, miel,
esos antiguos paladeos,
no los conozco.
Sólo el horror en mi sueño,
el acceso de tos,
los barbitúricos
y mis cuencos hundidos
en la lividez de la muerte.
No se me ha perdonado
ningún dolor:
la he perdido,
la he visto sufrir,
me ha sentido desconsolado,

mi mala salud era la pesadumbre,
la preocupación de su vida.
Sus grandes ojos,
sus labios mudos,
debieron comprender
la prudencia de los padres
que antes de finar
matan a sus pequeñuelos.
Siempre tuve para ella cuatro años.
Y ahora que la envuelve
la eternidad,
esa desconocida caverna lóbrega,
noto que es verdad,
que soy un niño,
que estoy solo en el mundo,
que nada,
absolutamente nada
tiene sentido.

(*El mar de las tinieblas*, 1999)

HAFITZ COMPARA EL AMOR CON LA VÍA LÁCTEA

Quítate pronto tus hermosos trajes,
quítate los adornados sostenes,
las amarillas sortijas que tienes,
quédate con tu bombasí de encajes.
Quiero palparte con mis lentos ojos
o desatar el nudo de tu calma,
ingresar cuidadoso en tu propia alma,
satisfacer, prudente, tus antojos.
Deseo ser Nadie y todos los hombres,
galopar sobre ti por las estrellas
y soldarnos felices sin querellas,
lo que tú quieras para que te asombres,
siendo contigo en lejanos parajes
Vía Láctea, blancos oleajes.

LA CONTEMPLADA

Al cantico dormirás,
medianoche yo vendré.
(Inca Garcilaso de la Vega)

Tú eres la contemplada,
la mujer que está ahí
para que mis ojos vivan su día.
¡Mi difícil trabajo: amarte mucho
mañana, tarde y noches en tus sueños,
laberintos de la ciudad perdida!
Adivino lo que haces, cuesta mucho
percibirte los gestos desde lejos,
pero eso que camina diminuto,
que se va y se va bailando tan lejos,
eres tú misma yendo con mis ojos,
galopando en el mundo
con mi sombra inocente.
No puedes ignorarme, no lo quieres,
pero si lo quisieras, no podrías,
tampoco. Soy destino tuyo, el hombre
que te dieron los hados.
Mi oficio es quererte. ¿Tú lo sabías?

(*Montura de amor*, 2001)

TELÉSFORO LEÓN BAJO LA LUZ DE UNA VELA

En lo más alto del acantilado,
en medio de la noche tan serena,
bajo la luz de una vela jugué
ajedrez con Telésforo León,
en Yacila. Hasta el tablero llegaban
rumorosos mensajes del mar con su garra.
A veces era una lámpara
como una estrella marina
la que ardía sobre nuestras cabezas
y el zumbido del moscardón que apenas
escuchábamos y el acompasado respirar
del mar lamiendo las rocas, abajo.
Pero eso era el mundo de afuera,
adentro las fichas cobraban vida propia
y libraban ancestrales batallas,
indiferentes a la luz de la luna,
a la suave quietud del aire marino,
al propio corazón con sus reclamos.
Ese combate no termina, ni acabará
nunca, cristalizado como está
en la memoria. Lo que ha crecido
con el paso del tiempo es mi afecto
por Telésforo León Vilela,
el notario de Piura, con su estudio
repleto de trofeos, de tableros de madera
y de fichas de toda laya.
Todavía estoy yendo a buscarlo,
todavía partimos para Yacila
en una noche encantada,
encendemos las lámparas, todavía
acomodamos las fichas

y todavía siento, en la habitación de al lado,
el respirar del mar como un murmullo
que me ilumina
toda la vida.

GONZALO ROJAS Y BRAULIO ARENAS

Desde Chillán Gonzalo Rojas llegó a Santiago
para hablar con su amigo Braulio Arenas.
«Perdí mi juventud en los burdeles»,
dijo Rojas, «perdí mis mocedades en los clubes de ajedrez»,
contestó Arenas.
–Los burdeles dan miedo y también alegría.
–Los clubes de ajedrez son un pánico en la vida.
–¿Cómo se puede preferir la dama
inventada del juego de ajedrez
a la mujer verdadera del prostíbulo?
–No lo sé, ambas no se entregan nunca.
–Miente el que diga que disfruta en un club de ajedrez.
–Miente el que se refocila con la puta en un burdel.
–Miente el que acaricia el rostro de la dama.
–Miente el que juega ajedrez en el bulín.
–Nosotros somos ángeles y no mentimos nunca.

(*Jaque perpetuo*, 2003)

SANTIAGO SYLVESTER

Santiago Sylvester nació en Salta, Argentina, en 1942; vivió casi veinte años en Madrid y hoy vive en Buenos Aires.

Ha recibido en su país los premios Sixto Pondal Ríos, Fondo Nacional de las Artes, Nacional de Poesía y Gran Premio Internacional Jorge Luis Borges. En España, el premio Ignacio Aldecoa, de cuentos, y el Jaime Gil de Biedma, de poesía.

Ha publicado doce libros de poesía, entre los que merece la pena citar: *Escenarios* (1993); *Café Bretaña* (1994); *Antología poética*, en la colección Poetas Argentinos Contemporáneos, del Fondo Nacional de las Artes, Buenos Aires 1996; *El punto más lejano* (1999) y *Calles* (2004).

En 1986 publicó un libro de relatos, *La prima carnal* y en 2003 un libro de ensayos, *Oficio de lector*.

En 1998 realizó una edición crítica de *La tierra natal* y *Lo íntimo*, de Juana Manuela Gorriti; en 2000 publicó *El gozante*, antología de Manuel J. Castilla; y, en 2003, la antología *Poesía del Noroeste Argentino. Siglo XX*; todos estos libros publicados en Argentina.

RETRATO

Esta cara es también las otras que alguna vez ha sido.
Este pelo blanco, en cambio, no es el otro, pero cumple su
tarea con la misma fe.
El brazo izquierdo, con un reloj en la muñeca, pregunta la
hora a cada rato;
el derecho acerca la comida, se estira hacia el teléfono y
dispone de una mano que no tiene descanso: una mano
que detuvo un camión en Payogasta.
La pierna izquierda alguna vez se golpeó contra una piedra
(dos meses inactiva); se acompaña con la otra y entre las
dos transportan esta carga difícil, de opinión imprevista.
El hígado promueve aclamadas satisfacciones;
el sexo euforia súbita, esperanza sucesiva de una nueva euforia.
Los ojos miran gestos, colecciones de gestos, y de ellos
sacan la conclusión que necesitan.
Esta mirada no siempre es impasible, esconde un centro
incontrolado, una acumulación de miradas: todas
necesarias, ninguna con la solución.

No puedo distraerme;
un solo instante de abandono
y muero aplastado por estos desconocidos
que he juntado
y que trabajan para mi perdición.

LA RÓTULA

De una rótula conozco, sobre todo, la palabra rótula.
No sé qué sabe la rótula de mí, tal vez que hablo solo y
    duermo de a pedazos,
pero ocurre que nos necesitamos, nos debemos favores, y
    eso cuenta al hacer el inventario.

Ella es un énfasis entre vocales graves,
yo un peso arbitrario, propenso a caminar sin rumbo.
Ella viene del latín, de boca en boca,
yo vengo de Salta, de tropiezo en tropiezo.
Ella se incrusta como un acorde haciendo fuerza,
yo digo mi opinión: enfermedad sagrada que agradezco a
    Heráclito.

Y aquí estamos los dos, sin saber el uno
casi nada del otro, pero ambos
capeando el temporal cuando lo premonitorio
habla de una dura década
que ya habrá comenzado,
y el dato de ese cálculo soy yo:
    pieza llena de mañas
    que ha llegado hasta aquí
    gracias a la complicidad de lo que ignora.

MUJER EN LA ESQUINA

De lo que se trata es del intercambio: ella tiene hambre, yo
no tengo conocimiento; y si cada uno espera que caiga su
ración del cielo, ya podemos despedirnos sin aliviar la carga.
Siempre ha habido estos pactos: ella, con un naipe distinto
en cada caso, yo eligiendo la carta para ver si acierto;
ella, yegua de Parménides llevándome camino arriba, yo
olfateando el rastro con precipitación;
y así, necesitados ambos de lo que el otro tiene y no guarda
para sí, buscamos lo excitable de la especie para alcanzar el
peso, la saliva del otro, la célebre unión de las mitades.

Ella siempre con historias exitosas (todas tristes), y yo
atestiguando lo que he dicho:
que si espera en la calle
se debe al intercambio,
si entra en el bar y llama por teléfono,
si disloca hasta morir la mandíbula del alma
y se ríe cuando corresponde llorar
se debe al intercambio: esas partes separadas en
busca de lo mismo.

Y es todo lo que sé.
Pero ella sabe más:
sin salir de la esquina
conoce el mar por el tripulante a deshora,
el mercado por el olor de unas manos,
la vaca por el carnicero;
y si no quiere ni oír
hablar del corazón, acostumbrada

como está a la charla,
es porque sabe que ahí cruje la madera.
El corazón es puro esteticismo.

(Del libro *Escenarios*)

El tiempo cobra peaje a todo lo que ha nacido para durar.
Peaje a la belleza, al porvenir, al odio;
peaje a ese montón de pelo atado en la nuca de la mujer,
a la mirada del hombre,
a las palabras que se dicen, al sentido:
    peaje aún sin saberlo,
    como existen caminos aunque no vamos a ninguna
        parte.

Ellos se han sentado allí, mesa de por medio, con la
    intención de eternidad que aturde a todo lo transitorio:
    solos y a la vez acompañados,
    en estado de mudanza;
condenados a buscar cómo se sale de la contradicción.

El tiempo cobrando peaje es infalible;
y yo mismo, a mi pesar, sin ser el tiempo cobro peaje:
    no soy el tiempo, pero soy el que mira.

Un golpe en una mesa,
y el hombre mira alrededor, sin éxito ni culpa, sólo con el
asombro del que, repleto de whisky, no encuentra
qué decir.

La palabra, una autopsia: un corte transversal en el
cerebro;
y de este menoscabo del lenguaje se alimenta
una época que cesa, no por agotamiento, sino
por crispación:
el psicoanálisis concluye en epilepsia,
la semiótica esconde su abuso en la
trastienda,
la fanfarria de la ciencia no logra descifrar sus
propósitos;
¿y qué haremos con la actividad de la palabra?

Un hombre ha golpeado la mesa, torpe la lengua y la
mirada idiota,
y ha marcado el arranque de una nueva era:
él es su profeta,
una trompada en una mesa su huella digital.

Después, ya veremos: por ahora
lo que conocemos del futuro es el presente.

Ese hombre afirma que nunca se irá de la ciudad;
su amigo, lo contrario: su tendencia a la huída.
Una joven, desdeñosa, se niega a perdonar.
Un hombre saca del bolsillo una entrada para el teatro.
Una muchacha, deslizada hacia la desgracia, sorbe un café
con la mirada en otra parte,
y en la mesa vecina un estudiante anticipa su porvenir.

Es fácil conocer el futuro: con sólo oír a esta gente, ya
sabemos su trama,
que no es sino una cita colectiva:
cuándo, dónde, con quién,
ese es todo el problema.

Puerta de entrar, puerta de salir: esta gente
ya no recuerda el camino de Heráclito;
pero el que entra airoso sale con su trizadura,
el que viene a pedir recoge su moneda,
esa mujer, como las avenidas, tiene dos direcciones,
aquel hombre busca lo que no ha perdido.

Esa puerta supone una reversión,
y así ya no sabemos si alguien entra o sale,
        si consiste en algo hacerlo.
No se sabe quién está del otro lado,
        si hay otro lado,
        sea ajeno o propio.

La mujer que fuma en esa mesa, ¿está adentro?
Su amiga, la que se ríe sin problemas, ¿se ha quedado
        afuera?
¿Dónde estoy yo para ellas: yo, que soy un lugar?

Es difícil saber quién está con uno: aquí, sin ir más lejos.

(De *Café Bretaña*)

XVII

Hay
un contagio de mirar
como hay otro
contagio: el de no estar en el lugar correcto,
contagio de la década perdida que se llama
fracaso.
        Fracaso
que se esconde en cualquier parte
y desde allí avanza hasta ocupar la respiración.

Pero el fracaso es selectivo, elige
con cuidado: cada uno
con su fracaso propio, como la muerte propia a la manera
    organizada de Rilke, como el pan de cada día, la propia
    purificación o la palabra propia.

O la propia versión del que, por ejemplo, dice:

...el largo filamento que dejaba un caracol en el patio: iba de hoja en hoja, inspeccionando todo, lenta y concienzudamente, como si tuviera el deber de informar de su paso por la tierra, con su enorme memoria de animal milenario. Inmóvil ante una hoja caída, bajo el toldo que paraba el sol del verano, y nada se movía en el patio; sólo que para mí la vida era un túnel por el que soplaba un viento feroz, un arrebato que me llevaba a la otra punta: yo era succionado por la gran ventilación, y aparecía con el pelo revuelto y los ojos fuera de órbita en la otra punta del mundo: y yo no estaba aquí sino allá, donde la vida no tenía la meditación ceremoniosa y sabia del caracol sino el oleaje del caballo en el momento de saltar. Yo era ese caballo viviendo en ese caracol.

(De *El punto más lejano*)

(Königsberg)

Llegaba hasta el borde de la ciudad, donde cedían las
últimas casas: nunca
pudo Kant cruzar esa frontera: nada de excesos en torno al
asunto de los límites;
así dijo *las raíces del exilio son interiores*: las raíces
también retrocedían, se replegaban temerosas
de cruzar esa zona del corazón
con los cuidados de la angustia.

Königsberg
fue su invernadero: su ideal
no era comer en restoranes y vivir en hoteles, sino la
precisión:
un cerebro volando en línea recta como un desafío
y un privilegio: el de construir
el paisaje, su escenario fiel
y mimarlo por ochenta años: un triunfo de la elaboración
para quien sabe que darse cuenta es aislar, que yo
es representar una idea: amueblar el mundo, y
en cuanto a la vida
vivirla como
una cuestión intensa que no llega a suceder.

(Avenida Santa Fe)

TODA esta gente, aún sin saberlo,
tiene opinión sobre nosotros: nos da la razón, discute, habla
        en contra o a favor:
                        y todos, aunque
no lo sepan,
necesitan dos oportunidades: la primera, para la impostura;
la segunda (y
siempre que haya suerte), para mostrarse como son.

        Ese hombre angustiado
se despierta a medianoche para saber cómo está,
aquella mujer no termina de cuajar en estilo; lo peor
del exhibicionista
no es lo que muestra sino lo que oculta;
¿y qué haremos con ese hombre pomposo que, cuando habla,
        no se apoya en su opinión sino en su cuenta bancaria?

Sólo la variedad
justifica esta abundancia: ver
es verse, pero el riesgo consiste en lo contrario:
no advertir que, al mirar,
nos estamos mirando: salir
a no mirar,
y que esta calle no exista para uno.

(vuelo Madrid-Buenos Aires)

Calle *de aire*: viene
a llamarse así esta ventilación por donde transportamos la
carga terrestre: calle por donde vamos saludando vecinos
sin consistencia: nubes, pálpito de la intemperie a 50
grados bajo cero: esta calle
cuya ley no es incompatible con la otra: la ley de gravedad,
que no nos suelta.

Hemos subido hasta aquí
por lo que tiene de versátil la columna vertebral: siempre
erguida y queriéndose asomar por un balcón distinto: estar
allá precisamente
porque estamos aquí: voluntad del inestable.

Y al fin
casi todo se explica con saber dónde estábamos: si íbamos
volando
ahora estamos de pie; si teníamos dudas
seguimos en lo mismo;
si el calor nos caía en chaparrón y ahora el frío nos sale desde
adentro
es por el balanceo de la continuidad;
en salir y regresar consiste
este callejón que colinda con el vuelo de las estrellas: salir
para tocar tierra: ir
por el aire y tocar
tierra una y otra vez: así
hasta que, de tanto tocar tierra, nos acostumbremos.

(De *Calles*)

(perseverancia del halcón)

TIENE nombre ilustre
y lo protege la serenidad: vuela sin inmutarse por el espanto
de esos pequeños alborotadores que resguardan huevos y
pichones:
él
con alzada majestuosa
y ojo directo
busca comida.

Por estas quebradas
pasó la historia: él
vio todo: gente a manotazos, escapando o persiguiendo:
huestes perdidas, el murmullo de muertos que se
escucha promediando enero: una partida de gauchos al
acecho, la cabalgata heroica de pobre gente
obligada al heroísmo:
y vio también el merodeo, el desplazamiento: los restos de
una civilización que ha prescrito: piedras y cantos con
alguna ceremonia:
él
vio todo desde su vuelo impertérrito: no juzga, no invoca,
no confía: tiene
hambre.

Vuela, aterra, y todas las tardes
organiza ese escándalo; desde aquí
lo veo: sabio, sin prisas, esperando
que todos nos volvamos comida: historia, huesos, animales,
persona.

(Inédito)

WALDO LEYVA

WALDO Leyva nació en Villa Clara, Cuba en 1943. Poeta, narrador, ensayista, promotor cultural, profesor universitario, dramaturgo, actor, ha publicado los siguientes libros de poemas: *De la ciudad y sus héroes* (1974), *Desde el este de Angola* (1976), *Con mucha piel de gente* (1983), *El polvo de los caminos* (1984), *Diálogo de uno* (1990), *El rasguño en la piedra* (1995), *Memoria del porvenir* (1999), *El dardo y la manzana* (2000), *La distancia y el tiempo* (2002), *Perdona al porvenir* (2004) y *Ocultas claves para la memoria* (2005). Ha sido incluido en distintas antologías de poesía cubana e hispanoamericana y traducido a varias lenguas.

Actualmente dirige el Centro Iberoamericano de la Décima y el Verso Improvisado.

POEMA POR ESCARDÓ

Pero vino la muerte,
la última caverna,
y te fuiste con tu esqueleto
a alimentar las piedras de la Isla.

Rolando Escardó:
yo llegué a la poesía
después del manotazo de tu muerte,
cuando la Revolución se me instaló en el pecho
como un corazón lleno de pájaros furiosos.
Entonces:
ya tu nombre era un mito
y tu pecho una plaza donde el hambre
dejó abandonada una gorra,
una huella amarilla,
sus últimos harapos.

Rolando Escardó:
yo llegué a la poesía
después que reventaron las piedras de la Isla,
cuando el amor era una lluvia violenta
y tus huesos
un sonido de semillas bajo tierra.

Por eso yo no tengo tuyo
ni un manojo de conchas,
ni una carta,
ni la nostalgia de una conversación
rota en la noche.

Yo sólo guardo en el hueco del pecho
tu cara de triste comediante
y el angustiado ruido de tus versos.

Rolando:
voy a desenterrar tu corazón,
tu enorme corazón,
para llenarlo de piedrecitas blancas,
de campanas pequeñas.
Voy a soplarte el esqueleto
para verte entrar de nuevo a la ciudad
dando gritos, llenando de poesía las paredes,
los parques, las ventanas,
como si el hambre fuera un poeta desesperado
y la ciudad, un pedazo de pan inalcanzable.

Rolando Tomás Escardo:
hoy me asomé al fondo de los ojos de tu madre
y he comprendido
que la muerte fue sólo un pretexto para romper la jaula,
el pájaro de tu corazón respira en todas partes.

(De *De la ciudad y sus héroes*)

PAISAJE

Los bajos peralejos, los espinos,
el yamaquey sonoro, la sabana,
el aire levantando la mañana
de la nostalgia gris de los caminos.

Caminos que eran trillos, no caminos,
cicatrices de polvo en la sabana,
por donde íbase un buey cada mañana
entre el seco espartillo y los espinos.

Por allí va mi infancia a la laguna,
por allí va mi padre hacia su estancia,
por allí volví a ver, una por una,

las cosas que existían por mi infancia;
pero el buey se murió con la laguna
y mi padre está lejos de su estancia.

(De *Con mucha piel de gente*)

ASONANCIA DEL PÁJARO

El horizonte es redondo
y el pájaro se engaña
gira sobre sí mismo
hasta perder las alas.

Ese pájaro que levantó el vuelo
va ciego por la luz. Su cuerpo breve
se romperá en pedazos aunque vuele
llevando el horizonte atado al cuerpo.

La raíz de su canto busca ciego
y es inútil pedirle que se quede,
que detenga esa ruta hacia la muerte:
si se detiene el ala muere el viento.

No quiero ver al pájaro, que siga
por los filos del aire contra un cielo
que ya no reconoce. ¿Ha olvidado

que en mis manos estuvo su agonía,
su diminuto corazón latiendo,
su garganta mordida por un dardo?

El horizonte es redondo
y el pájaro se engaña
gira sobre sí mismo
hasta perder las alas.

(De *Diálogo de uno*)

Ahí está en el espejo
un rostro: el mío;
queda un poco de asombro,
algo de infancia,
y una terca pasión
por la esperanza.
¿Cuál es la edad
que hay en mis ojos?
¿Cómo medir los años
de un hombre
que ha vivido
entregado al futuro?

COMO UN ROCE INOCENTE ENTRE LOS DEDOS

Sucede que empiezas a pelar una naranja humilde, desechable, y salta desde el fondo de la infancia una palabra: *bergamota,* y con ella un aroma que no viene del aire, un amarillo tenue y un dorado que tus uñas deshacen mientras parten el fruto. Te baña las manos el jugo que recoge la lengua de una niña que dejó de existir y que regresa, sin rostro, envuelta en la palabra bergamota, como un roce inocente entre los dedos. Un roce que vuelve a abrir los poros de tu cuerpo y te hace ventear, como aquel día, la tibieza de un aire que invitaba a correr, a desnudarse, a morir hecho un temblor sobre la hierba. Sucede que empiezas con las uñas a pelar la bergamota, sin sospechar siquiera que será una humilde y desechable naranja del futuro.

NO ESTARÉ ALLÍ

A Francisco López Sacha

Sé que el mundo en que estoy,
desde el sol que lo alumbra
hasta la última bacteria
del aire o del pantano,
va a desaparecer.
Una fría oscuridad ni siquiera soñada
convertirá en un ojo negro
al universo más hermoso del espacio sin fondo.

Nada, ni lo que escribo ahora, me salvará.

Los arqueólogos siderales del futuro sólo sabrán
que alrededor de la que fue una pequeña estrella viva,
se localizan puntos que pudieran ser parte de un sistema estelar.

Nada, ni el temblor de tu cuerpo al recibirme,
ni lo que escribo ahora, me salvará.

Tal vez esta hoja entre temblando en el futuro
pero no estaré allí.
Ni lo que he escrito ahora
ni lo que aún me falta por escribir, me salvará.

LA CIUDAD

Polvo y aire.
Viento seco que cruza la memoria.
Equivocados puntos cardinales.
Ni siquiera un color en los escombros,
ni alimañas, ni aguas negras,
ni ese podrido olor que anuncia vida.
¿Desde dónde he venido?
¿Por qué busco una ventana que no existe,
aquella puerta de la aldaba azul,
un espejo que me confirme el rostro,
una queja,
                    una mínima pulsación,
                                        un ruido humano?

Nadie soy si la Ciudad se ha muerto
y si estoy recorriendo sus deshechos
quién puede asegurarme que no vive.

junio, 18/1991

EL INOCENTE OJO DEL ANTÍLOPE

Un tigre salta de la piedra.
Vuela un ave que ignora la angustia del vacío.
Ciego es el pez, su pupila es el agua
y muere herido por el aire.

La lombriz puede ser reina de la altura
y deshacerse el árbol
en el vientre insaciable del insecto.

A la cruz del comienzo clavado sigue el hombre.
Sangra. Puede ver aún el rostro de los otros.

Ni dios, ni ventanas azules,
ni el inocente ojo del antílope.

(De *El rasguño en la piedra*)

DISCURSO

Nadie puede pedirme que me calle,
que me muerda la lengua,
mi silencio es peor que las palabras.
Dejadme hablar,
dejadme que me saque del pecho cada grito.
Que a nadie resulte inconveniente lo que digo.
Hay palabras como sueño
                    utopía
                              porvenir
que cuando caen,
se te vuelven veneno en la garganta
y te amargan la lengua,
y te rompen el pecho.

Aunque quede vacío para siempre
nadie puede pedirme que me calle.

HOMÉRICA
(o monólogo de Aquiles)

¿Realmente fue mi lanza la que se hundió en tu pecho?
¿Era aquél tu cadáver insepulto sobre la ardiente arena?
¿Hirieron tu cuerpo muerto mis guerreros
para huir del insomnio
para espantar el miedo?
¿Quién anunció mi muerte frente a la puerta Escea
si tu lengua era el signo del reposo
y en tus ojos vacíos se perdía el origen de la luz?
Ah, Héctor, defensor de los muros, la historia la contaron
de otro modo. Los dioses, aburridos en sus largas veladas,
inventaron el cuento. Hasta Homero fue falso.
Sólo que en su desidia –los dioses son así– se olvidaron
del juego y ahora yo soy el héroe, clavando eternamente
la pica poderosa sobre mi propio pecho.

MEMORIA DEL CACTUS

Para Jesús Orta Ruiz

El viejo cactus de mi casa existe.
Floreció alguna vez en mi memoria
–el eco de esa imagen ilusoria
le permite vivir–. En él subsiste

el deseo entrañable de otra flor.
Sabe que en algún sitio hay una yema
dispuesta a transformarse en esa gema
que laborioso busca en su interior.

Florecerá, lo sé, porque su empeño
vence la terquedad de lo imposible.
Yo tal vez no veré lo que reseño

pero un día la flor se hará visible:
será una flor tan leve como el sueño
y como él fugaz, pero invencible.

LAS HORTENSIAS AZULES

Tú acaso no lo sepas,
Isolda
Raúl Hernández Novás

Tú acaso no lo sepas, Isolda; las hortensias azules junto a tu puerta, tenían que ver con el último gesto de John Lennon, ese modo irrepetible de mirar a la cámara que sólo poseen los que saben que detrás de la lente está el vacío y no la muchedumbre. Yo busqué en el espejo muchas veces, pero es imposible, el secreto ademán se entrega solamente cuando el cristal no reproduce el rostro.

Tú acaso no lo sepas, Isolda; las hortensias azules junto a tu puerta, no fueron un mensaje de amor, ni ocultas claves para la memoria. Ya no estoy, y eso lo sabes, pero también las hortensias se murieron y nada tiene que ver con sus pétalos el azul que descubrimos aquella tarde en un rincón del cielo.

Tú acaso no lo sepas, Isolda; las hortensias azules de que hablaba el poema, no existieron, aunque sí el gesto de John Lennon, y el vacío oculto tras la lente, y el azul que descubrí yo solo mientras dejaba, junto a tu puerta, un mensaje de amor contra el olvido.

(De *Memoria del porvenir*)

LA ETERNA DISPUTA

He vuelto desde un sitio del que nadie regresa,
no sé si fui empujado o decidí esa ruta,
probé todas las aguas y deseché la fruta
que me ofreció el barquero con tanta gentileza.

Cuando emprendí el camino, llevaba en mi cabeza
la fiebre inmemorial de la eterna disputa
entre el ser cotidiano y esa idea absoluta
que asume muchas formas y en ninguna se expresa

mejor que en ese viaje hacia un tiempo sin fondo,
hacia el silencio puro y el vacío más hondo
que pueda imaginar la conciencia del hombre.

Yo toqué ese silencio, su densidad, su frío
y conocí al barquero y hasta el agua del río,
pero soy incapaz de pronunciar su nombre.

(De *Otro día del mundo*)

MONÓLOGO DEL EMIGRANTE

Recorro la ciudad.
Todo es extraño
salvo la puerta aquella
que sigue prohibida para mí
o esas ventanas,
ahora pintadas de un azul desconocido
y abiertas para siempre.
Hay espacios perdidos
y cristales donde ayer se enseñoreaba la madera
y gente que no conozco
cuya lengua me resulta extraña.
¿Por qué estos músicos insisten
en enseñarme las canciones
que ni siquiera desconozco?
Esa mujer que pasa y me mira
tiene los ojos de Evangelia,
un rostro idéntico y las mismas caderas
que me acompañaron desde la memoria
en mis noches de angustia y de lujuria.
Pero ella nunca supo que yo existía,
que temblaba a su paso
y me masturbaba en su honor
en las húmedas letrinas de los cines de barrio.
No quiero rescatarla entre las piernas
de esta mujer que pasa
y para la que sólo soy el extranjero.

Estoy seguro de que aquí hubo otra calle,
una calle que conducía al mar,
una calle de piedra y pregoneros

que me rompió la frente
y confundió mi sangre y el salitre.
Una calle donde estuvo mi casa.
Todavía siento en el aire su olor tibio,
la angustia de mi padre
y la fuerza irreductible de mi madre.

Pensé que todo me sería familiar.
Guardé durante años cada ruido,
la temperatura de mi primer café,
claro y entrañable,
los nombres de las calles,
el gesto de la gente, de otra gente,
pero a pesar de que la bahía
sigue quedando al norte de mi casa,
ya mi cuarto no está.
Los amigos de entonces se perdieron
comidos por los años,
la prisa o la distancia.
Quiero reconocerme en los que pasan
pero eso sólo es posible para aquellos
que envejecieron juntos
obligados a odiarse
o a quererse durante toda la vida.

¿De dónde vengo?
¿Quien soy?
¿Que ciudad es ésta que no me reconoce?
¿En qué lugar del mundo está la tumba de mi madre?

(De *Agradezco la noche,* inédito)

EDUARDO MITRE

EDUARDO MITRE (Oruro, Bolivia, 1943). Se doctoró en la Universidad de Pittsburgh con una tesis sobre la poesía de Vicente Huidobro. Libros de poesía: *Morada,* (1975), *Ferviente humo* (1976), *Mirabilia* (1979), *Desde tu cuerpo* (1984), *La luz del regreso* (1990), *Líneas de Otoño* (1993), *El peregrino y la ausencia: Antología poética* (1988), *Camino de cualquier parte* (1998), *El paraguas de Manhattan* (2004). Desde 1999 es Miembro de Número de la Academia Boliviana de la Lengua correspondiente de la Real Española. Reside en Nueva York.

MORADA

Es el centro del mundo cada cuarto

Octavio Paz

I

De lo oscuro a lo claro
El alba tensa su arco:
Saltas de lo blanco.

Solos
        Abandonados
El uno en el otro
Nuestros cuerpos
Cruzaron la noche
Sin nosotros.

Gemelas
            Como tus senos
Ingenuas
            Como los cerros
Que dibuja la infancia
Ovales
            Como los templos
Blancas:
            Tus nalgas.

La mañana celeste:
El pan
    El mantel
La cucharilla

Y sus ayes de virgen
El azúcar
La lucidez del huevo
Como una cúpula.

El agua hierve:
Campanadas silentes
Se desvanecen.

Tus muslos que se rozan:
La música mínima
Del lento llover
Del azúcar
En el café.

Como el semen
Sensible a la llama:
Emerge la leche.

II

Asido o desasido
Se mueve
No sé ya si tuyo:
Tu cuerpo dormido.

Nido de mariposas
Oscuridad hambrienta:
Tu sexo en mi sombra.

Lenta y poderosa
Como una boa
Cunde tu tibieza.

Soluna: Astro
Regido por dioses
Menores y precarios:
Tu cuerpo dramático.

Tu corazón que late
Días y noches:
Tambor de sangre
Telar de adioses.

En el doble
Follaje de tus pulmones:
El mismo hilo de aire
Que alguien
Ha expirado
Esta noche.

La herida leve
Borrada en tu frente:
Remoto anteayer.

El silencio que emana
El silencio que llama
El silencio que palpa
No lo quiero ni nombrar.

Suavemente
Nos va conquistando
La

En el blanco del sueño
Arrojadas

Por atávicos arqueros
Obviamente favorables
A tus muertos:
Fulgen las doradas
Saetas de tus huesos.

Oscuridad intensa
Pero aún visibles:
Tus cejas.

Pues es la Ley
Envejezca tu piel
Mas no
          Tu desnudez.

Tu cabeza en la almohada y mi cabeza
Tus ojos cerrados
                    Tus caderas
Tus manos
          La lámpara
                         Quietas
La alfombra La silla La mesa
El silencio sentado
En todas las gradas de la escalera.
La ventana
          El muro
                    La puerta
          Y la nieve:
Palabra blanca de la tierra.

(De *Morada*)

CUERPOS

Hay un cuerpo que nos despierta
al milagro del cuerpo.
Hay un cuerpo que nos despierta
a la soledad del deseo.
Hay un cuerpo que nos despierta
al paraíso del cuerpo.
Hay un cuerpo que nos despierta
al infierno del cuerpo.
Hay un cuerpo que nos despierta
a los poderes del tiempo (en mi padre
lo siento. Fraternalmente lo siento).
Hay un cuerpo que nos despierta
a la impotencia del grito
porque el grito ya no lo despierta
(Carlos Mitre, hace ya noches,
fue para mí ese cuerpo).
Hay un cuerpo que nos despierta
a la increíble ausencia.
Hay un cuerpo que nos despierta
al exangüe recuerdo.
Hay un cuerpo que nos despierta
al incolmable olvido.
Hay un cuerpo que ya no nos despierta.

(De *Ferviente humo*)

EL PEREGRINO Y LA AUSENCIA

El viaje que tú y yo nunca hicimos
«Yaba Alberto»

El viaje que tú y yo nunca hicimos
me ha sido dado este enero.
Óyeme pues, yaba Alberto,
entrar por fin en Granada,
más que dichoso, perplejo
de ver cómo el destino
ata y desata
partidas y llegadas,
adioses y regresos.

Pero ven tú conmigo; desanda
el oscuro silencio que nos separa
que cinco años de muerto
tampoco es tan lejos, yaba.
Ven conmigo
al menos en estas palabras
que de un peregrino son errante
y cumple tu deseo.

Contempla –no con tus ojos
ya llenos de tierra
sino a través de los míos–:
La Sierra Nevada,
el río Genil,
la luz dormida en torres y terrazas.

Por las márgenes del Darro,
camino del Albaizín,

vamos, paso a paso,
yaba, nombrando:
El puente del Cadí,
la torre de Comares,
el Baño del Nogal (Hamman al-Yawza)
Y en la memoria los versos
de Abu Yafar Ibn Said:
Un buen baño es más dulce
que la cosecha del éxito.

Poco más adelante,
en la Cuesta del Chapiz
siente el oleaje
de aromas
que envían los cármenes
de pinos y cipreses.

Siguiendo el rumor crece
aquí la plaza Aliatar:
Goce de hombres y mujeres,
copas de vino y cerveza
y exordios a una visión:
Berenjenas,
gambas,
almejas...
¡Anímate, yaba,
que saben a resurrección!

Y escucha, escucha esa voz
que hiere como saeta.
¿No es andina la queja que cuenta?
Anota, yaba, anota
al pie de la letra:

Como guitarra sin cuerdas
se va quedando la Unión;
unos que mata la mina,
otros que se lleva Dios.

Y ahora ¡deprisa, yaba, deprisa!
Que le tiempo que ni vuelve ni tropieza
Se lleva ya la luz de este día
Y la sombra trepa las rejas.
Deprisa, por la calle del Agua
a la Puerta Ziyada
y luego al Mirador,
y alza los halcones de tus cejas
que allí está,
¡Allah Ajbar!
¡Allí!, yaba,
Por lo que tú más querías
Dime si la divisas.

–¡Altas son y relucían!

Pero cae la tarde y ya suenan
campanas cristianas.
Fragua celeste, pasa la luna
sobre la Cruz de la Rauda.
Ya este poema-reencuentro se acaba.
Recógete, yaba, a tu sueño de tierra
en el valle de Cochabamba,
mientras siento el martirio
de tu sangre que corre
en Gaza y Cisjordania

y en el silencioso adiós ya se pone
por última vez
Granada.

CASI LA DICHA

a Martha Beatriz

En Hanover este crepúsculo de invierno.
Tu desnudez consumada:
brasa blanca en el lecho
y la mirada que vuelve a gozarla
en la penumbra del deseo.
                                        En la ventana:
la nieve extendida
                                        como tú en el sueño,
absorta
como mis ojos sobre la página.
Lejos:
            el grito de los niños
que resbalan por la colina
y el silencio y el pino
plantados como un solo cuerpo
en el aquí y el ahora
                                        donde no falta sino
la palabra digna
                              de tanto don, tanta gracia.

AL PIE DE LA LETRA

a Guillermo Sucre

La mujer que de pronto
aparece en la esquina
como la pasante de Baudelaire.
Sus ojos de noche del Líbano
brillosos
como la piel de los dátiles,
enigmáticos como las líneas
que traza el destino
en las hojas de coca.
Su cuerpo esbelto,
                              su talle fino,
su andar de palmera con brisa,
su cabellera que al aire
azuza y aroma,
sus largas piernas
presentidas bajo la falda roja,
sus senos como dos olas
rompientes
a punto de perderse en el mar.

Y el mantel que prolonga la nieve
sobre la mesa del bar
bajo la mirada que lee
lo que al azar la realidad inventa.

Y el poema que dice
al pie de la letra.

EN SIERRA ESCONDIDA

a Octavio Paz

Aquí donde se juntan
las aguas frías del Ayutla
y las calientes del Concá.

Aquí donde las nubes
pastan en el monte
y el asno blanco
con su hato de leña
entra al trote en el poema
y deja a su paso estas líneas.

Aquí
cuando los gallos
con las pitas del canto
jalan a la noche
y se encienden los astros
y se apagan las piedras

el cielo baja y sube la tierra
en el hondo y alto
silencio de la ceiba.

(De *Líneas de otoño*)

EL PARQUE BRYANT

Por la populosa avenida
que ella sola iluminaba
se detuvo en una esquina,
me indicó el parque Bryant.

Juntos cruzamos la calle.
Nos sentamos en un banco,
mejilla con mejilla
nos quedamos mirando
las piruetas del agua,
los sicomoros tan altos,
el vaivén de las ramas
al compás de la brisa.

Así toda la mañana
en amorosa alianza
ella me enseñaba los seres,
yo se los nombraba.

Cerca del mediodía,
la sirena de la ambulancia,
los coches de la policía,
las nubes de la desgracia
que pasan todos los días,
nos echaron sin movernos
del parque Bryant.

(De *El paraguas de Manhattan*)

VITRAL DEL APRENDIZAJE

Amanece y todo transpira el negro.
Incluso el rojo aroma de las rosas
y la blancura de los crisantemos.

En el largo hall de la casa
el ataúd abierto:
cráter de la desgracia,
epicentro del duelo.

Dentro, de cuerpo entero
–alto, joven, atlético– está tío Carlos
muy serio, con corbata,
camisa blanca y terno negro.

Cerrados, no vemos sus ojos azules.
No obstante, rubio y crespo
luce el mismo a quien horas antes
le dimos las buenas noches
en su lecho de enfermo.

Habrá que pasar el entierro,
volver luego a casa,
pasar por su cuarto sin luces,
reparar en su armario vacío
y, entrada la noche,
sentir pasos, ruidos
y, sobre todo, un extraño silencio
para que, muertos de miedo,
los incrédulos niños
que fuimos entonces

comprendan lo que realmente
a tío Carlos le ha sucedido.

(De *Vitrales de la memoria,* inédito)

JUAN MANUEL ROCA

© Carlos Mario Lema

JUAN Manuel Roca nació en Medellín en 1946. Poeta, crítico de arte y periodista que ha desarrollado múltiples actividades culturales. Algunos de sus libros de poemas son *Memoria del agua* (1973), *Luna de ciegos* (Premio Nacional de Poesía Universidad de Antioquia, 1976), *Los ladrones nocturnos* (1977), *Cartas desde el sueño* (1978), *Fabulario real* (1980), *Ciudadanos de la noche* (1989), *Pavana con el diablo* (1990), *Monólogos* (1994), *Memoria de encuentros* y *La farmacia del ángel* (1995). Su obra en prosa se reunió en 1994 bajo el título *Prosa reunida.* Entre los muchos galardones que ha recibido figuran el Premio de la Cámara Colombiana del Libro (1992) y el Premio de Periodismo Simón Bolívar (1993). En 1997 publicó *Antología de poesía amorosa* y en 2001 la antología *Los cinco entierros de Pessoa.*

TESTAMENTO DEL PINTOR CHINO

Cuando el sobrio Emperador
Me conminó a borrar del cuadro una cascada,
–El chapoteo incesante espantaba su sueño–
Como buen cortesano obedecí y esfumé su torrente.
Sin embargo, oculté tras el dibujo de un cerezo
Una rana que croa
Y que el anciano Emperador confunde
Con su agitado corazón.
En un biombo de lino me pinté a mí mismo
Al momento de dibujar un caballo.
Una noche después espanté con el pincel al caballo,
Pues no soportaba sus relinchos.
Pronto borraré mi crepuscular figura del óleo,
–Emperador de mi cuerpo–
Y sabrán que es de la misma materia
La ausencia de un hombre o de un caballo.

LOS PERROS DE NADIE

Callejean,
Escarban los restos del día
Como quien acude a un tanatorio:
Perros góticos apaleados en misa,
Un domingo raído por la lluvia.

Bogotá duerme al fondo de su hartazgo
Y los perros de Nadie
Rastrean los días en fuga,
La sombra perdida de un Virrey.

Un niño ata en sus colas de cometa
Latas de avena
Con la efigie de un cuáquero
Que no pierde su torva dignidad.

Los perros sin dueño
Recorren centro y sur de la ciudad,
Las zonas donde Nadie
Tiene su reino de olvidos.

¿A quién ladran
En la calle vacía?
¿A quién dirigen
Sus orejas vacilantes?

Acaso descubran el paso de Nadie,
Del que se fue una vez,
Envuelto en brumas.

UNA ESTATUA PARA NADIE

Funeral de nadie, pues no hay nadie a quien enterrar

(T. S. Eliot)

Para Rafael Alcides, que conoce el parquecito de Nadie

En bronce. Que sea en bronce la estatua de Nadie. Con pedestal. Que sea en mármol su pedestal. En una plaza luminosa erigiremos su monumento. Nadie tendrá las verdes charreteras que dejen en sus hombros las palomas.

A falta de héroes podríamos adoptarlo como portaestandarte de la ciudad, abanderado en las batallas de la nada. Historiadores y académicos se encargarán de los detalles necesarios a su vida. Las parejas se citarán bajo una sombra ecuestre –cómo placen a los héroes los caballos– en la gran plaza a la que daremos un toque de Chirico.

Vendrá bien adornar la estatua con flores que no son de temporada: girasoles de piedra, orquídeas de metal.

En bronce. Que sea en bronce la estatua de Nadie, homenaje al hombre justo, al señor inexistente.

POEMA INVADIDO POR ROMANOS

Los romanos eran maliciosos.

Llenaron Europa de ruinas
Confabulados con el tiempo.

Les interesaba el futuro,
Las huellas más que las pisadas.

Los romanos, Casandra, eran mañosos.

No fraguaron el Acueducto de Segovia
Como un ducto de agua y de luz.
Lo pensaron como vestigio,
Como un absorto pasado.

Sembraron de edificios roñosos Europa,
De estatuas acéfalas
Engullidas por la gloria de Roma.

No hicieron el Coliseo
Para que los tigres devoraran
A su antojo a los cristianos,
tan poco apetecibles,
Ni para ver ensartadas
Como entremeses del infierno
A las huestes de Espartaco.

Pensaron su ruina, una ruina proporcional
A la sombra mordida del sol que agoniza.

Mi amigo Dino Campana
Pudo haber saltado a la yugular
De uno de sus dioses de mármol.

Los romanos dan mucho en qué pensar.

Por ejemplo,
En un caballo de bronce
De la Piazza Bianca.
Al momento de restaurarlo,
Al asomarse a su boca abierta,
Encontraron en el vientre
Esqueletos de palomas.

Como tu amor,
Que se vuelve ruina
Mientras más lo construyo.

El tiempo es romano.

POSTAL DE NINGUNA PARTE

En mi país, ese país que es un deseo
de espíritu, un contrasepulcro.
René Char

Para Fernando Rendón

Crecen los tulipanes
En el parque
Donde las mujeres pasean
Con levedad de nube.

Ningún habitante tiene que verse
Forzado a exprimir piedras
O a pastorear fantasmas
En su alcoba.

Los cuchillos no tienen
Apetencia de heridas
Ni hambre de piel.

No gobiernan las sombras
Este lugar hecho de nieve.

Confortables son las casas
Con sus leños ardiendo
Como la zarza milagrosa.

Es el Reino de la confianza
Donde nadie te hiere
Por la espalda.

No serás condenado
A disparar la flecha
Y además ser su blanco.

El sueño es bienvenido,
Ningún jabalí gruñe en la noche
Asediado por una jabalina.

No es este un mapa
De transterrados, de desterrados,
De gentes desplazadas
Como una gavilla de viento.

Es posible que este lugar
Resulte inexistente,
Pero a decir verdad,
Es todo lo que no es mi país,
Lo que nunca fue mi país,
Cada vez más lejano.

PAISAJE CON RUINA Y CABARET

I

En este poema
Hay una ciudad.
En la ciudad hay un abismo,
En el abismo hay una ruina,
En la ruina hay un herido,
En el herido estoy yo.

II

En este poema es de noche.
En la noche hay una calle,
En la calle un cabaret,
En el cabaret una cantora,
En la cantora un corazón,
En el corazón un muerto.

PIEDRA SOBRE PIEDRA

Con las piedras lanzadas
contra mí
he construido
los muros de mi casa
Anise Koltz

Con las que han arrojado a mi paso
Podría edificar un estadio,
Un teatro y un sonoro Coliseo.
La Bolsa de valores,
Dos catedrales y un cementerio.
El estadio para que tremolen
Sus banderas mis enemigos.
El teatro para que ensayen
El tiro al blanco del furor o el improperio.
El Coliseo, cepo de odio, foso romano
Donde rujan los leones de su ira.
La bolsa de valores en la que fijan precio
Al vicio de respirar que me acompaña.
Una catedral con piedras de presidio.
Otra con vitrales y escenas de caza
En las que huyo, asediado por la jauría.
Y un inmenso cementerio imaginario,
Querida Anise Koltz,
Un inmenso cementerio
Donde abono las flores del olvido.

ORACIÓN AL SEÑOR DE LA DUDA

Más que fe, dame un equipaje de dudas.
Ellas son mi puente, mi afluente, mi oleaje.
Venga a nos el Reino de lo Incierto.
Mantén en vilo mis verdades,
Concebidas, muertas y sepultadas
En los telares del olvido. Llévame
Por las arenas movedizas,
Dame a comer el pan de la derrota,
A beber el agua del silencio.
No hay timos ni trucajes:
Estoy herido y soy mi camillero.
Sean las certezas palacios de nieve
A los que alguien asedia con el fuego.
Señor de la duda, si existieras,
Escucha la oración del descreído.

LA CAÍDA DEL REINO

Para Gustavo Pereira

El poema ocurre así:
Uno llena el templo con sus dioses,
Lo puebla de objetos
Sacros para el rito
Pero puede poblarse
Con el brillo de los mercaderes.
El poema sigue así:
Uno regresa a él,
Latiga las palabras que le sobran,
Desaloja a los mercaderes y su brillo,
Desperdiga por el suelo
Los objetos del rito,
Advierte que sus dioses
Son ídolos de arcilla
Y sólo encuentra
El peso de un silencio malogrado.
El poema termina
Como un barco de papel
En los deltas del vacío.

TRISTEZA DE LAS COSAS

Estos zapatos
Me acompañaron a un estanque
Donde el único sonido lo hacían Dios
Y un caballo tragalunas.

Alguna vez se empinaron
Frente a una madona de cabaret,
Una mujer que parecía
Subida en dos gatos de lomos erizados.

Estos zapatos desaliñados
Se agitaban solos,
Cuando la voz de Big Mama Thornton
Brotaba de algún lugar del vecindario.

No fueron de un inválido,
Pero mi pereza les recetaba
La cuarentena del reposo.

No fueron de un ahorcado
Pero nunca traicionaron su vocación de aire.

Alguna vez subieron
Al pequeño pedestal de un lustrabotas
En una alameda olvidada.

Jamás se negaron,
Cuando les caía del cielo un balón perdido,
A romper un trozo de lejanía.

No hicieron fila con los veteranos de guerra
Y se mantuvieron lejos del reparto de mendrugos.

El zapatero que los fabricó
Debió ser descendiente
Del judío errante que huye de sí mismo
Tras el viento tragaleguas.

Volteaban a su aire la esquina de los bares
Y en ciudades desconocidas
Me acompañaron a buscar calles sin fondo.

Estos hermanos siameses como espejos
Que ahora viajan en el camión de la basura,
Se llevan el secreto de caminos desandados
Mientras la noche esconde millares de zapatos debajo de las camas.

SUEÑO CON ÁNGELES

Han llegado los ángeles en un buque de carga
María Baranda

Por el sueño navega un barco cargado de ángeles. Vienen en cajas de madera, en guacales de tablones salvados de un naufragio.

Los marineros los ven comiendo flores en su cepo como reos andróginos de una mudez de ostra.

Su destino es un misterio. No se sabe si serán vendidos a un zoológico, a un circo, a un aviario, a un taxidermista, a un tratante de alas.

Por tratarse de un extraño contrabando, –aunque no hay leyes marítimas que prohiban el transporte de ángeles en barcos– por tratarse de un tráfico de sueños, el capitán evita tocar los grandes puertos del mundo.

Es como si el barco estuviera condenado a no anclar nunca, a viajar sin destino con la carga emplumada y melancólica. Cada día huelen peor, a pústulas y almizcle, los maltrechos ángeles en sus podridos guacales. La nave se enfantasma en la niebla apagando sus luces y sus voces. Y la tripulación empieza a impacientarse, empieza a impacientarse...

Cuernavaca, noviembre 17 de 1999

JOSÉ PÉREZ OLIVARES

© Ana Mª Graell

JOSÉ Pérez Olivares nació en Santiago de Cuba en 1949. Ha publicado los siguientes libros de poesía: *Papeles personales* (1982), *A imagen y semejanza* (1985), *Caja de Pandora* (1987), *Examen del guerrero* (1992), *Proyectos para tiempos futuros* (1993), *Cristo entrando en Bruselas* (1994). Algunos de estos libros han sido galardonados con premios importantes como el Jaime Gil de Biedma o el Rafael Alberti. En 2001 publicó la antología *El hacha y la rosa. Tres décadas de poesía española.* Además de poeta es también pintor.

DISCURSO DEL SOBREVIVIENTE

A Jorge Luis Borges, in memoriam

Nací en una gruta de Abisinia.
Tuve un palo,
un hacha
y una tea.
Tuve una cabra,
una mujer
y un jergón.

En la densa y profunda noche
de la Prehistoria
alimenté el fuego
con ramas y follajes
de antiguos árboles.
Unas veces morí de hambre,
otras, me devoró la fiera.
O desaparecí
queriendo alcanzar
la orilla opuesta
de un violento y caudaloso río.

Maté a mi enemigo.
Bailé alrededor del fuego.
Me inicié en los secretos
de la vida y la muerte.
Pinté búfalos y bisontes
en las paredes
y en los techos de las cuevas.

Conocí los misterios del placer
y los secretos de la fecundidad.
Fui alfarero,
fui agricultor,
fui pastor.
En el viento de la estepa
aprendí las primeras notas
con mi flauta de cáñamo.

Descubrí el metal.
Corrí al encuentro de otros hombres
blandiendo una espada.

Quedé tendido en la hierba
hasta que mi cuerpo
tuvo el color
                        de una hoja de otoño.

Veinte siglos después,
mirando hacia la vieja noche
    escribo:
la vida es sólo
un dulce oficio de matar
y de sobrevivir.

DISCURSO DEL PINTOR DE LA CORTE

He pintado un bufón.
Lo pinté con sombrero, capa y calzones de color púrpura.
También pinté el retrato de la reina
en el insomnio de los aposentos.
Y pinté a su hija –la infanta–
con gran despliegue de sedas, y perlas, y profusos cortinajes.
Me pagan bien por pintar.
Mi oficio es embellecer esos rostros, darles esa luz,
hacer que parezcan llenos de un extraño esplendor.
Mi oficio es dotarlos de vida,
de modo que el tiempo pase y se impregne
de un vago sortilegio.
He pintado muchas caras, muchos cuerpos.
He pintado ropajes que relumbran.
He pintado a unos en pose de ministros,
y a otros
            en pose de militares.
He pintado el odio, la sed,
he pintado sin cesar el vicio
que se arrastra y silba.
He pintado lo feo y lo sublime
y por ello me pagan.
Puedo hacer la magia de los rostros:
que una grosera nariz
resulte elegante en la cara de un alto funcionario.
Y que una boca demasiado grande
parezca de pronto una fruta.
Que unos ojos llenos de miedo, de rencor,
recuerden los ojos de un niño
(para eso me pagan
y hago bien mi trabajo).

La reina viene
para que yo la pinte montada sobre un caballo.
El rey desea que yo lo retrate en su gabinete.
Los enanos saltan a mi alrededor
palpando las preciosas texturas
que destellan sus vanos colores.

Todos vienen a mí
y yo abro los brazos como si fuera Dios.
Pinto,
pinto sin cesar a mis criaturas
con la misma tenacidad
con que la muerte las devora.

MOISÉS

Y Moisés dijo a su pueblo: Tened memoria de aqueste día, en el cual habéis salido de Egipto...

Éxodo, 13, 3

Vengo de las duras arenas de Egipto,
de las pardas y lejanas tierras de Canaán.
Me sigue el pueblo de Israel,
este arduo y cansado pueblo,
esta insomne y misteriosa raza
sin patria y sin memoria.

Atravesé las aguas,
recorrí sedientas estepas,
vi morir despacio a sus hijos,
pero seguí adelante.

Mi pueblo nada pregunta, simplemente me sigue.
Lenta y confusamente me sigue
hacia donde yo señalo.
Si digo: «la tierra que prometí está hacia el norte»,
él va conmigo hacia el norte.
Pero si digo: «la tierra que nos aguarda
queda al sur»,
vuelve inmediatamente los pasos hacia el sur.
Y si me paro en seco, y exclamo:
«al este, debemos encaminarnos al este»,
mi pueblo no protesta,
porque sabe que la tierra de Jehová
está en todas partes.

A veces me pregunto
qué tierra es esa a la que nos dirigimos,
qué milagroso país nos aguarda
al final de este ciego peregrinaje.
En un mundo embriagado de fronteras,
hundidos hasta los ojos en la barbarie,
    ¿a dónde podremos ir?
Quizás a la tierra del Amorrheo,
    de pastores y labradores?
Tal vez a la del Jebuseo,
    tierra de mercaderes,
sitio de tránsito en el espejo de las caravanas.

Mi pueblo no sabe que temo por él.
De noche, con los ojos abiertos, medito
    en la oscuridad.
Me levanto y camino envuelto por las sombras
hasta que el día me sorprende.
Entonces,
como quien tiene una súbita revelación
obligo a mi pueblo a emprender nuevamente la marcha,
haciéndole creer
que a la distancia del vuelo de una flecha
    está el final del viaje.

UN PEZ EN LAS AGUAS DEL MUNDO

Dicen que La Habana no está en las Antillas.
Que tampoco la baña, como de costumbre,
la dura espuma del Caribe.
Dicen que salió, con rumbo norte, hacia el Atántico,
y una parte de ella
                    se fue al África,
la otra, en pos de Europa.
De ahora en adelante
no será necesario buscarla en los mapas,
bastará con cerrar los ojos
y señalar hacia cualquiera de los puntos cardinales.
La Habana estará aleteando, como un pez
   en las aguas del mundo.
Hablaremos de Londres o París,
soñaremos con Amsterdam o Bruselas
y nuestros pasos
tendrán el reflejo de otras calles,
aquellas que mueren al contacto con la brisa.
No tendremos que recordar a Lezama
para que el viento nos traiga la noche.
Ni habrá que vociferar frente a la bahía
para que irrumpa sediento
el fantasma de Casal.
Dicen que los cadáveres de mi ciudad
andan revueltos,
que es imposible encontrarlos
entre piedras invisibles.
Pero dígase La Habana
y un relámpago iluminará el perfil de una diosa.
Háblese de ella con un venablo en la mano.
¿Es que La Habana no es La Habana?

¿Será que sólo existe una ciudad
codiciada por todos los ejércitos?

Si preguntan por ella, responde: «no sé,
    creo que anda de viaje».
Y deja que se devanen los sesos
tratando de imaginar ese aire
entre bárbaro y gentil,
esa melodía ciega, ese gesto
como de paso de liebre
que salta en la sonrisa de todos los habaneros.

MONÓLOGO DE JUDAS

Vendí al Señor por treinta monedas.
Pagan bien los fariseos,
acostumbrados a comprar
los servicios de un traidor.
Ahora estoy frente a la noche
    que todo lo ve
y todo lo juzga.
No siento remordimientos,
no hay en mi alma una sola angustia,
ni siquiera un sobresalto.
Vendí a mi padre y estoy en paz.
Nunca lo amé.
Jamás creí en sus ardientes palabras.
Cuando todos, extasiados, lo rodeaban,
cuando la plebe besaba sus manos
    en busca de redención,
yo negociaba su muerte.
No lo hice por odio
ni lo hice por envidia,
    sino por treinta monedas.
No actué como aquellos
que a la hora aciaga huyeron y lo abandonaron.
Ni temblé como Pedro, que antes
de que el gallo cantara
    renegó de Él.
Tampoco como Pilatos, lavándome
las manos frente a la muchedumbre.
Soy un traidor.
Es ley que a los traidores se les desprecie
    y se les pague.

No necesitamos honores ni medallas,
sólo queremos
las malditas monedas de siempre.
Ni una más ni una menos.
Eso nos basta para esperar tranquilos
la hora en que la gente vendrá
a derribar nuestra puerta.
Nos basta para mirar de frente
el instante en que la mano del verdugo
pondrá en nuestro cuello la soga.

HABLA ENÓS

Entramos en los recintos de la piel,
en las densas y rumorosas praderas de la sangre.

En medio de la noche, rodeados de vastedad y silencio,
tuvimos la dulce tarea
de aprender a deletrear el mágico alfabeto
del fuego.

Las aguas se separaron,
de ellas surgió el animal de sangre espesa,
el ave de interrogante cuello.
Surgió la rápida e insobornable alimaña.

La mano amasó el barro, y con barro se alimentaron
los primeros objetos,
aquellos que ignoraban la muerte.
Del barro surgió el oficio de la duda.
De la duda surgió el primer insomnio.
Del insomnio la primera huella de embriaguez.

Morir no era entonces morir, sino la forma más pura,
el estado más próximo
a la sagrada perfección.

Aunque primitivas, las formas gozaban de cierta idealidad,
de una larga y estival firmeza
comparable
a las tranquilas fosforescencias
del aire.

Eran tiempos
en los que un cuerpo era todos los cuerpos
y una verdad toda la verdad.

Somos hijos de la carne, mensajeros
del tiempo y del destino.
Sabemos que sobrevivir es cruel,
y en toda verdadera invención
hay un átomo de su futuro desastre.

Tocamos los objetos, reconocemos su textura.
Y en nuestras manos se deshacen.

ELOGIO DEL CUERPO

Y díjole Saúl: Mancebo, ¿de quién
eres hijo? Y David respondió:
Yo soy hijo de tu siervo Isaí, de Beth-lehem.

Samuel, 17. 58

Mírame, soy el cuerpo.
El cuerpo que alguien tallara
sobre la insomne y milenaria piedra.
Represento la sed,
represento el valor,
represento el ansia.
Soy todo lo que quieras ver en mí,
aquello que alguna vez añoraste
   y no te fue dado,
lo que amabas en silencio
a cambio de ninguna recompensa.

Pasan lentamente los siglos,
   pero no me tocan.
Pasan las noches ciegas,
las horas transparentes,
los minutos sin nombre.
Fluye la eternidad
y sigo siendo lo que soy:
un cuerpo desnudo.

Quien fui, poco importa.
Tal vez el que mató con su onda
   al temido Filisteo.
O el simple, el desconocido muchacho
   que a la luz de una vela

posó para el artista.
Lo que haya sido
se pierde en la infinitud,
en el marmóreo secreto del tiempo.
Lo que haya sido, seré.
Mas ahora nada significo
–nada que no sea una piedra:
una blanquecina piedra
de las canteras de Carrara.

Quizás amé y fui amado.
Y tuve otro cuerpo desnudo
    frente a mí,
un cuerpo que me hizo conocer
la belleza del odio
                    y la lacerante
plenitud de los celos.
Lo más probable
es que haya muerto como dicen
que mueren los hombres:
renegando de Dios
y con los ojos húmedos y perdidos.
(No como el rey de Israel,
esperando la Nada
en brazos de una bella sunamita).

Mírame, soy el cuerpo.
Unos me interrogan,
otros me increpan,
mas para todos sigo siendo
aquél que Buonarrotti
sacó una mañana de la piedra
(no fue su mano quien lo hizo,

sino la mano del Destino).
Mi nombre es David,
pero también puedo ser
el que tú quieras:
el guerrero,
el profeta,
el amante.

DANIEL SAMOILOVICH

© Valentina Rebasa

DANIEL Samoilovich nació en Buenos Aires en 1949. Ha publicado nueve libros de poemas: *Párpado* (1973), *El Mago y otros poemas* (1984), *La Ansiedad Perfecta* (1991 y 1994), *Agosto y otros poemas* (1995) *Rusia es el tema (Antología 1973-1995)* (1996), *Superficies Iluminadas* (1997), El carrito de Eneas (2003 y 2004), *Las Encantadas* (2003), *El despertar de Samoilo* (2005). Sus poemas se han traducido a varios idiomas. Ha publicado también traducciones de Katherine Mansfield, Horacio, Shakespeare, Eugenio Montale, Manuel Bandeira, Marianne Moore, Raymond Carver, John Ashbery, Anne Sexton, Carlo Emiio Gadda y James Laughlin, entre otros.

Ha sido jurado de diversos concursos, entre ellos el de Iniciación del Fondo Nacional de las Artes, de Argentina, el Casa de las Américas, de Cuba y el Caupolicán Ovalle, de la Bienal de Lieratura de Mérida, Venezuela. Ha sido distinguido con el Premio Julio Cortázar de la Cámara Argentina del Libro (1996), el Premio Leonardo del Museo Nacional de Bellas Artes (1998) y el Premio Teatro del Mundo de la Universidad de Buenos Aires (2003). Desde 1986 dirige en Buenos Aires el periódico trimestral *Diario de Poesía.*

PORTO DOS OSSOS

L'angoisse de l'amour te serre le gosier
comme si tu ne devais jamais plus être aimé
(Apollinaire, Zone)

¿Pero cómo se hará de noche si la sombra
no sabe qué hacer contra el pulido
azul de la bahía?
Los cascos de los barcos ya están negros
y el cielo rayado de mástiles negros
y el agua todavía resplandece.
En el bar, siluetas
que la tarde cortó de su papel plateado
toman whisky y murmuran
en media docena de lenguas. Y tu botella
se va poniendo igual a todas las botellas;
ya no es posible leer las etiquetas.
¿Pero cómo se hará de noche
si la noche vacila
ante el escudo azul de la bahía?
Alguien tal vez venga nadando
de los barcos, y por la estela negra
que dejen sus brazadas invisibles
entre la noche al mar. Entonces sí,
antes que llegue el nadador
será de noche y se habrá abierto
la mano que en un puño tu corazón tenía.

HOMO GRAMMATICUS

«No me interesa viajar –dijo–. La gente
es en todas partes más o menos la misma, el arte
se ve mejor en postales y el paisaje... ¡ah, el paisaje!,
una gran estafa: todo es cuestión de desniveles
y más verde o menos verde. Y las combinaciones:
mucho verde visto desde muy arriba, muy poco verde
visto desde muy abajo. O bien: puros desniveles, verdes,
o grandes extensiones chatas y muy secas.
Eso es todo lo que hay para ver en el paisaje».
Fue una revelación: las montañas subían y se derrumbaban,
los valles florecían y se agostaban con gracia abstracta,
y en esa sintaxis cubista, desdeñosa, todavía
era posible soñar. Y no es otra, creo, la idea del paisaje.

(De *La Ansiedad Perfecta*, 1994)

A UN POETA PERUANO

Te tomaste el trabajo de juntar
cada sustantivo con un adjetivo
adecuado, poético: «lánguido follaje»,
«veredas solitarias» y hablando
de los chicos «jilgueros traviesos».
No quedó nada opaco, nada inútil,
nada que se resista a la interpretación.
Si Dios hubiera fabricado el mundo
con tu sistema, hubiera demorado
más del doble y el resultado no valdría
ni la mitad.
Y sin embargo, de tus versos malos
algo me queda en la cabeza:
el modo de crujir, machacar
el tiempo real cuando caminan.

EL PINTOR Y SU MUSA

Le criticaron que no hubiera
personas en sus cuadros: parecían minerales,
cosas tiradas al azar sobre el planeta
por un alma sombría.
Entonces los pobló de seres desgraciados,
mendigos, *sans-culottes*, muertos redivivos,
paranoicos, sin casa: pero para eso, dijeron,
daba lo mismo que no hubiera nadie;
aquella gente, seguían siendo dados
de un juego malvado, o peor,
indiferente a la maldad;
era su orgullo el que no permitía
que nadie normal, parado sobre sus pies,
entrara en sus cuadros.
Al fin se dio cuenta de lo tonto que había sido
escuchando a los críticos y no a su propia musa
que lo empujaba a la abstracción
como una fuerza impulsa a la trucha río arriba,
a los ingleses al mar, a los deseosos a apartarse
de la madre que los parió.

A UNA ESCRITORA

En la línea insegura que separa
el mar ceniciento del cielo ceniza
ves las luces de un barco:
las ves y luego no las ves, es un barco
fantasma, decís. Pero a tus palabras
las consume la fiebre del yo y tu frente
nunca me había parecido así de angosta.
Quiero ver esas luces o más bien
quisiera querer verlas:
                                pero no están y maldita
la falta que hacen,
poco a poco nos vamos volviendo
más oscuros que el mar y si de versos
se tratara, la música precisa
de este oleaje de plomo la pone
tu sombra queriendo poetizar
a la fuerza la bahía:
                y las ostras de las que se dice
que son epítome del aburrimiento
tramando la perla de un instante
en su sopor helado, allá en el fondo.
(Un escritor que no escribe, dice Kafka,
es un tipo específico de monstruo;
falta poner que uno que sí escribe
también lo es.)
                                        La luna
vuelve más blanca si cabe tu piel por la noche
y el desprecio no puede
apartarme de vos: no me importan
un pito tus sueños, pero arriba
brilla el carácter débil de tus sueños,

un trigrama de plata
estampado en el cielo nefasto.

PISO ALTO

Tengo miedo, dijiste, no hizo falta
que explicaras de qué.
Entonces yo debo haber hablado de la muerte
porque recuerdo citas, un par
de escritores de lengua alemana,
un proverbio italiano, rimado,
Horacio, Catulo y quién sabe
qué más. En mi recuerdo hablo
sin dudar, como leyendo en voz alta,
o como si alguien hablara por mí
mientras yo me sustraigo a tu atención
para pensar en otra cosa.
Nuestra ropa tirada por el piso
es una colección de excéntricos cadáveres,
rojos, verdes y grises, ahí
donde un asesino los dejó; y se escucha,
abajo, afuera, patinar
los autos en la calle mojada.

LOS DADOS HUECOS

Full, póker, full: pero estos dados, huecos,
a cada golpe nos llevan más lejos
de la tierra, a una órbita improbable.
Sobre la bandeja que cubierta
por una toalla apoyamos en la cama
ruedan los dados huecos. Lo que sale
parecen cinco ases. Pero no.
Como la gravedad, la suerte
está hambrienta de masa y aquí ninguna
de las dos encuentra qué comer.
(Más tarde, en la noche, la sospecha
de que esta falta de peso o negativa
o renuencia a pesar podría
ser el síntoma de una enfermedad
cuya causa apenas encubierta
seríamos nosotros o bien esta pieza
un poco siniestra de un hotel de provincia.
Nos damos cuenta que no somos ni seremos
felices juntos pero qué cretino este fantasma local
que, contra toda chance y buen sentido,
además nos hace sufrir).

(De *Superficies Iluminadas*, 1997)

LA NOCHE ANTES DE EMBARCAR

Puerto Baquerizo, Islas Galápagos

Toca dormir en esta casa, aquí
nos dejaron, provistos de una cita:
mañana a la mañana, en el muelle.
        Por la ventana

que da a la calle se ven los mismos árboles
que en el jardín, es fácil confundirse,
adentro, afuera, el mismo color rosa
        de los grandes pétalos.

Sólo un azul ....
.... este jardín,
.... una calle................................
        una casa

y en esa casa un jardín, quizás éste.
Tus ojos son el ancla, cerca de ellos
estoy seguro, ellos son la casa
        verdadera,

no estas paredes falsas, dibujadas
de apuro, justo antes que lleguemos
–no separan siquiera dos matices
        de rosa,

ni un hemisferio de otro, ni los cielos,
enemigos, de la osa y el carrito–.
No me cubren tus ojos del rocío
        ni del tiempo,

no evitarán que muera y sin embargo
ellos sí son refugio, talismán,
cerca de ellos yo me creo seguro.
        O, mejor,

empieza a darme igual lo que suceda,
a no asustarme esta casa que mañana
dejaremos como un poco más tarde
        dejaremos

las islas, el aliento, los huesos.
        Pero
es que sin vos lo mismo daría
        haberse muerto ya,
y entonces lo peor, que hubiera sido
        no conocerte,
vivir en otro siglo distinto del tuyo,
        en un planeta
cualquiera de cualquier podrido sol,
        o peor,
cruzarse con vos en la cola del cine,
        en la sala
de espera de la morgue, y no avivarse
        que eras vos,
tenerte delante, y, como un artista pésimo,
        no verte,
eso ya no sucedió y ahora todo está bien,
        ahora
lo único que quiero es no sobrevivirte.
        La casa
ojalá fuera de cartón, de dulce,
        ojalá
de chocolate o mazapán, y viniera

a comérsela
        un ogro,
y se la comiera con nosotros
        adentro.

(Es por algo que el niño venusino
bajó a la tierra armado de arco y flecha,
no se trajo una pala ni una escuadra
ni ridículamente acarreó

desde su olímpica morada vendas,
lenitivos, remedios. Su tarea
es dañar, no curar, no construir nada;
si cuando te ensarta te olvidás

de la muerte, se trata de un efecto
colateral, del mismo modo que
un tipo al que le pegan un balazo
en la mano, en un hombro, en un pie,

seguro que se olvida de inmediato
de la angustia suicida, inmaterial,
que hace cinco minutos lo aquejaba:
cuando de veras pica, se transforma

en trivial el miedo a lo futuro;
        el día de mañana y toda
deducción y toda prospección
        y toda

reflexión, que el diablo se las lleve:
        esta es la hora

furiosa y a la vez serena
del ahora

y en las manchas rojas, amarillas,
del ahora, en las islas un reino
fundado en la ley de tu mirada,
cosmos macro

donde cada accidente del terreno
corresponde a un cosmos micro:
las montañas tus pies, las lagunas tus ojos,
¿y por qué

en el infinito ensayo geológico
no podría el planeta
generar una cosa como esa?
Si fuera posible,

aquí debería ser, aquí empieza de nuevo,
a hervir la tierra,
nacen de nuevo, en las grietas del basalto,
pálidas
hebras
de pasto.

(De *Las Encantadas*, 2003)

FÁBULA DE FEROS

Profetizáronle a Feros, rey egipcio,
que de su ceguera curaría
lavándose los ojos con la orina
de una mujer que no tuviera conocido
más hombre que su auténtico marido.
        Con la propia probó
        pero no se curó
de modo que intentó con más mujeres
y cuando ya del proyecto desperaba
la orina de una hidalga de Cirene
devolvióle la vista que anhelaba.
        Con esa casó
        y a las otras llevó
a cierta villa del país eritreo
a la que presto prendió fuego.
Oh, Clovis, afortunada fuiste
que no probara el rey con las tus aguas
y afortunado él, que a más de ciego,
y mudo y cuadripléjico quedara.

(De *El libro de las Fábulas,* inédito)

EL BOSQUE CORDIAL

El bosque fosforece como un mar,
la misma fiebre fría, pero muda,

el mismo ir y venir, sólo que inmóvil.
El liquen son los malos pensamientos

que cuelgan de los árboles, sin dueño.
Así es mi sueño, en este bosque duermo

y unas polillas que sobraron de la tarde
bailan en el rayo de luna.

–¿Verdad que somos bellas?
–Si no lo fueran –dice el rayo–, no

me tomaría el trabajo de alumbrarlas.

YA VOLVERÁN

Viene la madrugada con sus dedos rojos,
detrás viene rodando la mañana

como una epidemia de hepatitis A:
rueda sobre las casas suburbanas,

sobre las altas torres, la quema y el mar:
de este a oeste rueda: algunos demoran

en saber dónde están, otros entienden de inmediato:
algunos niños lloran: algunos adultos deberían llorar:

las estrellas agitan sus bracitos
en señal de despedida: ya volverán:

pero no todos los que ahora desperezan
seguirán vivos cuando asome la tarde.

(De *Molestando a los demonios*, inédito)

GIOCONDA BELLI

NACIDA en Managua, Nicaragua, Gioconda Belli hereda la tradición literaria de su país de poetas y se da a conocer en 1970 con poemas sensuales que celebran su feminidad. Al vincularse poco después con la lucha sandinista contra la dictadura de Somoza, su poesía asume un tono beligerante que propone una suerte de «eros» social. Tras el triunfo de la Revolución Sandinista, Belli incursiona en la narrativa, en 1988, con *La Mujer Habitada*, novela que ha sido traducida a más de once idiomas. Su obra narrativa incluye, además, las novelas, *Sofía de los Presagios* (1990), *Waslala* (1996), el cuento infantil *El Taller de las Mariposas* (1994) y la memoria autobiográfica, *El País Bajo mi piel* (2001). Su más reciente novela, *El Pergamino y la Seducción*, se publicó en España en Abril del 2005. Su obra poética, también traducida ampliamente, la componen seis libros de poesía: *Sobre la Grama* (1972), *Línea de Fuego* (1978) *Truenos y ArcoIris* (1982) *De la Costilla de Eva* (1987), *Apogeo* (1994), *Mi íntima multitud* (2003).

Belli ganó el Premio Mariano Fiallos Gil de la UNAN en 1972, el premio Casa de las Américas en 1978, el premio de los libreros y editores alemanes a la mejor novela política del año en 1989, el Premio Anna Seghers en el mismo año y en 2003, el premio Generación del 27 en España por su poemario *Mi íntima multitud.*

LUCIÉRNAGAS

A las cinco de la tarde
cuando el resplandor se queda sin brillo
y el jardín se sumerge en el último hervor dorado del día
oigo el grupo bullicioso de niños
que salen a cazar luciérnagas.

Corriendo sobre el pasto
se dispersan entre los arbustos,
gritan su excitación, palpan su deslumbre.
Se arma un círculo alrededor de la pequeña
que muestra la encendida cuenca de sus manos
titilando.

Antiguo oficio humano
este de querer atrapar la luz.

¿Te acordás de la última vez que creímos poder iluminar la noche?

El tiempo nos ha vaciado de fulgor.
pero la oscuridad
sigue poblada de luciérnagas.

«INFIERNO DE CIELO»

Velas. Luces.
Fuegos fatuos sobre la mesa de noche.
No el cirio pascual
sino el fuego pagano de los ritos druidas.
Adoremos al cuerpo
santuario inequívoco del verbo y del ser.
Ojos dorados parpadean
en el brillo bruñido del espejo
donde sos mi torre de marfil.

En la redoma pongo el aceite aromático.
Un olor a jazmines almizcle incienso catedralicio
impregna el viento las ventanas de la nariz.
Allá lejos tu cabeza. Tu brazo delineado
La textura de anchas nervaduras. El anverso extenso del pie.
Pies de centauro. Feos tus pies, excitantes. Como los cascos
del unicornio removiendo arbustos con su cuerno de infinitas
[espirales.

No hay equilibrio más exacto que éste
de un hombre y una mujer retornados a la arcilla primigenia.
Saltan los omoplatos; los fémures se hacen trizas.
La rigidez del esqueleto se abandona a la carne trémula.
La luz de las velas estrella en el espejo visiones míticas.
Medusas. Cíclopes. Saturnos saciados.

No sé dónde tus manos
en este laberinto de monstruos magníficos devorándose.
¿Quién sos criatura desencajada que así me despojás
de mi decencia de sacerdotisa?
Tu piel es fluida y candente.

La cera se derrite en los recipientes de cristal.
Chasquea tu boca sobre la mía.
¿O es la llama que chisporrotea?
El fuego encuentra su propio incendio.
Sobre el aceite de la noche
velámenes ardientes lamen el lago quieto
del espejo incandescente.

Allá mi pie.
Las uñas rojas. La imposible extensión de una pierna íngrima.
El paisaje blanco. Las pieles sumergidas en lavas ígneas
resollando borboteando vaporizándose. El fuego
viene y va con el sonido del mar sobre los arrecifes.

Sobre los cuerpos consumidos, carbonizados
se apagan las velas una a una.

Me sacudo el cabello. Me levanto, ave Fénix, de las cenizas.
Soy un infierno de cielo.

MANUAL PARA CONDUCIR

Para surcar mi cuerpo
sobre iluminadas autopistas,
despójate de medidas de seguridad
y avanza
cuan largo eres
sobre mí.

En la piel de este territorio
no hay más límite de velocidad
que la destreza de aferrar el volante
sobre las curvas más densas del camino.

Con los faros abiertos y encendidos
habrás de recorrerme como una ciudad extendida
de barrios ensimismados; descubrir tras puertas y ventanas
el perfume de jardines ocultos.

Lo mismo te asaltará el aroma
de las huele noche
que las plantas carnívoras te arrastrarán
hasta que aúlles suplicante.

A vos, amo de los carburadores relucientes,
yo te enseñaré a desear el agreste terreno de los cauces
y el abismo donde despeñar
todos tus artificiosos instrumentos de navegación.

En el placer de infinitas revoluciones por minuto,
de nada te servirán los frenos; los engranajes.

Es mejor que te rindas de antemano
cuando cruces hipnótico las avenidas anchas y quietas
donde vagan sueltas las fieras salvajes de mi ciudad encendida.

Descalzo y desnudo ambularás
los rascacielos de papel y las sombras solitarias
que se esconden bajo los puentes de mi espalda.
Vagarás indefenso por las esquinas ignotas
de mis rodillas.

Creo que te advertí que en mi ciudad no hay candados
y los zoológicos se abren de par en par al atardecer.
Un cuerpo de mujer es también un acertijo siniestro
donde puedes estallar.
Podrías sucumbir antes de ascender la última colina
y caer de bruces sobre el ombligo.

Las posibilidades son innumerables.

Sin embargo enuncio mi promesa:
Si te atreves autonauta
sobre mis iluminadas autopistas,
aún cuando me lo implores
no temas, no te lo concederé.

Hombre. Hombrecito mío.
Te doy mi palabra.
No te mataré.

PLACER DEL CHOCOLATE

Un cuadrado oscuro de chocolate
tiene para los dientes
el mismo efecto sensual
que el lodo en los pies traviesos de la niñez.
En la lengua, la densa materia oscura
suelta saliva en rojos cauces.
El chocolate se disuelve en dulce espeso fango
cuando lentamente se acarician los bordes
hasta que la tableta en la cavidad cálida
suelta aromas recuerdos y flores
en las distendidas papilas.
Ríos de chocolate
atraviesan encías y resquicios dentales
y el placer –que uno sabe fugaz–
da sus vueltas atrapado en la boca.
Devoro chocolate ahora que no te tengo
para, lícitamente y sin culpas,
abandonarme al erotismo.

Comiendo chocolate pienso en tu piel a mordiscos
pienso en tus piernas
tus pies
pienso en los manjares suculentos
de la vida.

DE NOCHE,
LA ESPOSA ACLARA

No.
No tengo las piernas de la Cindy Crawford.
No me he pasado la vida en pasarelas,
desfiles de modas, tostada bajo las luces de los fotógrafos.
Mis piernas son anchas ya llegando a la cadera,
y a pesar de mis múltiples intentos
por ponerme trajes aeróbicos y tirarme en el suelo a sudar,
no logro que pierdan esa tendencia a ensancharse,
como pilares que necesitaran jugoso sustento.

No.
No tengo la cintura de la Cindy Crawford
Ni ese vientre perfecto, liso y ligeramente cóncavo,
con el ombligo deslumbrante en el centro.
Alguna vez lo tuve. Alguna vez presumí de esa región de mi
[anatomía.

Fué antes de que naciera Camilo,
antes de que él decidiera apresurarse a nacer
y decidiera entrar al mundo de pie;
antes de que la cesárea
me dejara cicatriz.

No.
No tengo los brazos de la Cindy Crawford
Tostados, torneados, cada músculo fortalecido con el ejercicio
[indicado,
las pesas delicadamente balanceadas.
Mis brazos delgados no han desarrollado más musculatora
que la necesaria para marcar estas teclas,
cargar a mis hijos, cepillarme el pelo,

gesticular discutiendo sobre el futuro,
abrazar a los amigos.

No.
No tengo los pechos de la Cindy Crawford,
anchos, redondos, copa B o C.
Los míos nunca han sido muy lucidores en los escotes,
aún cuando mi madre me asegurara
–madre al fin–
que los pechos, así separados, eran los pechos griegos
de la Venus de Milo.

Ah! Y la cara, la cara de la Cindy Crawford, ni se diga.
Ese lunar en la comisura de la boca,
las facciones tan en órden, los ojos grandes,
el arco de las cejas, la nariz delicada.
Mi cara, por la costumbre, ha terminado por gustarme:
los ojos de elefante, la nariz con sus ventanas de par en par,
la boca respetable, después de todo sensual.
Se salva el conjunto con la ayuda del pelo.
En este departamento sí puedo aventajar a la Cindy Crawford.
No sé si esto pueda servirte de consuelo.

Por último y como la más pesada evidencia,
no tengo el trasero de la Cindy Crawford:
pequeño, redondo, cada mitad exquisitamente delineada.
El mío es tenazmente grande, ancho,
ánfora o tinaja usted escoja.
No hay manera de ocultarlo
y lo más que puedo es no tenerle vergüenza,
sacarle provecho para leer cómodamente sentada
o ser escritora.

Pero decime:
¿Cuántas veces has tenido a la Cindy Crawford
a tus pies?
¿Cuántas veces te ha ofrecido, como yo, ternura en la mañana,
besos en la nuca mientras dormís,
cosquillas, risas, el sorbete en la cama,
un poema de pronto, la idea para una aventura,
las premoniciones?
¿Qué experiencias te podría contar la Cindy Crawford
que, remotamente, pudieran compararse con las mías,
qué revoluciones, conspiraciones, hechos históricos,
tiene ella en su haber?
Modestia aparte, ¿será su cuerpo tan perfecto
capaz de los desaforos del mío,
brioso, gentil, conocedor de noches sin mañana,
de mañanas sin noche,
sabio explorador de todos los rincones de tu geografía?

Pensalo bien. Evaluá lo que te ofrezco.
Cerrá esa revista
y vení a la cama.

AMÉRICA EN EL IDIOMA DE LA MEMORIA

I

He oído lengua de mis antepasados en sueños.
He visto sus figuras en habitaciones confusas,
que sólo puedo nombrar con el habla ajena
de quienes para siempre los confinaron
a la región de las sombras.
No entiendo sus palabras,
pero en los sueños se alargan como palmeras,
brillan como las plumas del Quetzal.
¿Cómo habrán sido los mercados en Tenochtitlan,
el pregón de los vendedores de penachos de papagayo,
la voz de la mujer ofreciendo quequisques o yuca,
la sombría voz del vendedor de papas?
¿Con qué palabras sonando a río o aguacero,
se declararían el amor el héroe del juego de pelota
y la muchacha dulce con las cestas de jipijapa?
Las palabras de los pueblos se parecen a sus montañas
y a sus lagos,
se parecen a sus árboles, a sus animales.
¿Cómo sería la lengua que hablaría de los ceibos
y los jaguares,
de la luna incandescente y ecuatorial,
de los volcanes erectos?
He oído la lengua de mis antepasados
en sueños.
En habitaciones confusas que sólo puedo describir
con la lengua del despojo.

II

Ocultamos nuestros Dioses,
nuestros mitos,
bajo la púrpura vestidura de sus santos.
Recreamos su idioma.
Lo rehicimos nuestro,
le hicimos decir la lluvia torrencial,
y el dulce ulular de la quena,
la altura de los Andes,
y la selva impenetrable del Amazonas.
Nos cambiamos los nombres para sobrevivir,
pero el mundo lo nombramos
con códigos y códices que aún ahora les son indescifrables.
Nos quisieron cambiar de piel,
pero untamos de cacao sus genes
para engendrar el chocolate claro
y el chocolate quemado:
hombres y mujeres de chocolate
poblando de nuevo el Continente
del Trueno y la Desolación

Reconstruímos nuestras ciudades magníficas
México, Buenos Aires, Lima, Río
y guardamos en lo más hondo de nuestras tinajas
la sabiduría de nuestra memoria avasallada.

III

No triunfamos.
Éramos inocentes y hablábamos a la Tierra con respeto,
como huéspedes, no como Señores.
Sacrificábamos la Vida al Sol

ellos, en cambio, se la ofrecían al oro,
que no hace más que imitarlo.
La Tierra era nuestra cómplice.
La honrábamos, la celebrábamos.
Ellos no amaban la Tierra,
la despojaban como si les perteneciera,
igual que nos despojaron a nosotros
como si también les perteneciéramos.
Nos obligaron a usar sus palabras
a vestirnos con sus ropas
Nos obligaron a adorar al Dios
que ellos mismos habían crucificado.
Ni siquiera de la culpa que sentían por su muerte nos eximieron
diciéndonos que también había muerto por nosotros
y que teníamos que pagar con nuestras vidas
el pecado de no conocerlo

IV

He oído la lengua de mis antepasados
en sueños.
En sueños he escuchado sus gritos.
El crujir de sus genitales,
el dolor de los partos mestizos,
de los hijos de las violaciones.
Ya no pudimos nombrar a los niños
con nombres de flores, de cactos, de árboles
de constelaciones.
Aprendimos a contar el tiempo con sus medidas
y llamamos a los días con sus nombres extraños.

V

¿Quienes somos?
¿Quienes son estos hombres, estas mujeres sin lengua,
escarnecidos por su color,
por sus pieles, sus plumas y sus adornos?
Para que no leyéramos más que sus códices,
quemaron los nuestros en altas piras incendiarias.
Nuestra historia, nuestra poesía, los anales de nuestros pueblos
nos llenaron de humo los cuencos de los ojos,
nos llenaron de lágrimas las entrañas.
Ardieron los amates pintados cuidadosamente por los escribas.
Ardieron las historias que nos hacían ser lo que éramos.
!Cómo aullaban los viejos en las plazas,
viendo arder los nombres de sus padres en el fuego!
Ah! noche larga, noche triste de las cenizas!
Noche en que nos quedamos sin manos,
sin lengua, desmemoriados!

VI

La Tierra nos salvó, la sangre, el color de las frutas,
el vahido del viento en los desfiladeros de Machu Pichu.
Se apropiaron de todo pero la Tierra nos seguía cantando,
las Cataratas del Iguazú, el Titicaca, el Orinoco, la Pampa,
Atitlán, Momotombo, Tikal, Copán.
La Tierra conocía el toque de nuestras manos:
Los volcanes nos hablaban; los ríos nos lavaban las lágrimas,
la selva nos escondió.
A ellos los acababa la nostalgia.
El oro les cobraba su precio. Se mataban entre sí.
Se hundían sus barcos. Sus hijos los desconocían.
En los vientres de nuestras mujeres se fueron extinguiendo.

Sus genes hirvieron en el cacao
y no se reconocieron en sus descendientes.

VII

He oído la lengua de mis antepasados,
en sueños.
En sueños he escuchado sus risas.
Paciente la paciencia,
la resistencia.
Siglos de silencio, de espera.
El tiempo fluído haciendo espirales,
subiendo desde los desiertos de la Patagonia,
cruzando los Andes, las cordilleras, el trópico húmedo,
las praderas de los bufalos.
El hombre de las grandes ciudades destruye su mundo.
El hambre, la violencia, cava tuneles bajo sus pies,
socava los cimientos de los ídolos forasteros.

Los ojos de America aguardan el retorno de Quetzalcoatl
–la serpiente emplumada–

He oído la lengua de mis antepasados
en sueños.
Sueños que nunca duermen.

AMOR DE FRUTAS

Dejame rodar manzanas en tu sexo,
néctares de mango,
carne de fresas:

Tu cuerpo son todas las frutas.

Te abrazo y corren las mandarinas.
Te beso y las uvas sueltan
el vino oculto de su corazón
sobre mi boca.

Mi lengua siente en tus brazos
el zumo dulce de las naranjas.
Y en tus piernas
el promegranate
esconde sus semillas incitantes.

Dejame que coseche los frutos de agua
que sudan en tus poros.

Mi hombre de limones y duraznos!
Dame a beber fuentes de melocotones y bananos,
racimos de cerezas.

Tu cuerpo es el paraíso perdido
Del que
nunca jamás
ningún Dios
podrá expulsarme.

DE LOS PLACERES ACCESIBLES

Detenerse en la heladería.
Círculos, túneles de colores tras el mostrador
Y la dueña con la cuchara honda
Escanciando la gélida dulzura sobre los barquillos
cuyo crujido mis dientes adivinan.

Con precisión imparto las instrucciones.
Pido el helado suave que sale voluptuoso de la máquina
–el que me recuerda el Tastee Freeze
que estaba a media cuadra de la tienda de mi papá
en la Avenida Roosevelt–.
Tiembla el cuerpo de pulido metal de la máquina
sobre el que se condensa la humedad
en una película opaca.
Del grifo desciende el grueso chorro de helado
a posarse sobre la vacía, seca concavidad,
que tiene sabor a hostias prohibidas.
Despacio, como la cintura de una mujer cuando baila
baja el helado de café. Lo cubre luego el de chocolate
más denso y oscuro.

Me siento sola en la heladería desierta
y empiezo con mi lengua a lamer los costados del alto cucurucho,
abandonándome a una infancia perversa. Hace calor.
Debo hacer mi trabajo con la debida fruición.
Pasar la lengua por la entera circunferencia,
de abajo arriba para que nada se derrame,
para que la superficie adquiera a todo el derredor
la suavidad y tersura de un perfecto gorrito de duende polar e
[imaginario.

Cierro los ojos. Saboreo. Gozo.

No sólo de pan
vive la mujer.

PIEDAD BONNET

Piedad Bonnet es licenciada en Filosofía y Letras de la Universidad de los Andes y profesora en esta Universidad desde 1981. Tiene una maestría en Teoría del Arte y la Arquitectura en la Universidad Nacional de Colombia. Ha publicado seis libros de poemas. Con el primero de ellos recibió mención de honor en el Concurso Hispanoamericano de Poesía Octavio Paz, y con *El hilo de los días* ganó el Premio Nacional de Poesía otorgado por el Instituto Colombiano de Cultura, Colcultura, en 1994. Tiene además tres antologías, la última de las cuales, *Lo demás es silencio* fue publicada en España por Editorial Hiperión en 2003.

Piedad Bonnet es autora, además, de cuatro obras de teatro montadas por el Teatro Libre bajo la dirección de Ricardo Camacho y de dos novelas: *Después de todo,* publicada en 2001 y *Para otros es el cielo,* 2004. En 2005 publicó *El mundo según García Márquez,* selección de definiciones del premio Nóbel.

EL REINO DE ESTE MUNDO

Hablo
de la muchacha que tiene el rostro desfigurado por el fuego
y los senos erguidos y dulces como dos ventanas con luz,
del niño ciego al que su madre le describe un color inventando
[palabras,
del beso leporino jamás dado,
de las manos que no llegaron a saber
que la llovizna es tibia como el cuello de un pájaro,
del idiota que mira el ataúd donde será enterrado su padre.
Hablo de Dios, perfecto como un círculo,
y todopoderoso y justo y sabio.

MADRE E HIJO

El poeta
bebe el agua del Tigris y del Éufrates,
se desvela y a veces tiene caspa,
y en los salones tiene reservado su puesto
y los zorros lamen su mano antes de huir espantados
por el bronco sonido de su verso.
De púas, de cuchillos, es la piel del poeta.
Con el despertar de la luz sangra la piel del poeta.
A veces, desalado, silencioso,
desierto de los pies a la cabeza,
anochece de bruces en su cama.
La envidia del poeta es amarilla,
su ilusión es azul como un cielo sin guardas.
A ratos a sí mismo se devora, se corta en pedacitos, se reparte,
se mira en el espejo, escupe, llora
sobre los baldosines de la infancia.
El poeta envejece, engorda, eructa,
y en ocasiones el poeta muere.
La poesía, que es inmortal, lo mira desde arriba,
ciega de luz y ajena como una estrella antigua.

Aquí golpeaba airadamente el padre sobre la mesa
causando un temblor de cristales, una zozobra en la
/sopa,
volcaba el jarro de su autoridad aprendida, de sus
/miedos,
de su ternura incapaz de balbuceos.
Adelantaba su dedo acusador y el silencio
era como una puerta obstinada que defendía a los niños
/del llanto.
Aquí sólo hay ahora una mesa de cedro, unos taburetes,
un modesto frutero que alguien hizo
con doméstico afán.
¿Dónde los niños,
dónde el padre y la madre arrulladora?
La tarde esplendorosa asoma añil y roja detrás de los
/vitrales.
Y pareciera que tanta paz, tanto silencio pesaroso
fuera el golpe de Dios sobre la mesa.

(De la serie *El hilo de los días*)

PROCESO DIGESTIVO

Ya he comido mi sopa de clavos, mi pan de munición,
pan con zarazas,
ya tragué mi ración de raíces y venenos
y mastiqué juiciosamente todo lo que pusiste en mi plato.
Mira que buena soy. Ya me he comido todo.
Por mi garganta en sangre comienza ya a subir
un borbotón de palabras hinchadas.

NOCTURNOS

I

V de volar
de ver
vértice
vórtice
lugar para nacer
nódulo ciego.
Como dos altas cejas sobre un mundo de asombros
como las manecillas
marcan las once y cinco en el reloj
como dos piernas que se van abriendo
y allí la rosa del amor. Bisagra
ojo y herida.
Puerta que abre sus alas en mitad de la noche
¿y quién
quién viene?

II

Duermes
respiras como un niño
pulsa tu sangre el tiempo en otro espacio
más allá de mi abrazo.
En mi oído nocturno
el pequeño animal gime gozoso
y eres final y mío.
Música del amor en mi desierto
asma de los deseos
cortadura.

III

Otro vendrá. Ocupará tu lugar se beberá tu aire
tomará posesión de mi cadáver.

FILOSOFÍA DE LA CONSOLACIÓN

Leo
que la plenitud es la desaparición de la carencia
y que sólo es feliz
quien ha perdido ya toda esperanza.
Los que así escriben
no pueden entender que de la herida
que duele y hiede nazcan abejas rubias
y que su miel
sea la poca luz que nos alumbra.
Ellos,
dueños de su circunferencia conquistada,
no saben
qué infecunda es la paz donde no habitas.

DE TARDE EN TARDE

A mi madre le gusta ir a ese café de sobrias lámparas,
pedir galletas de vainilla,
tomar dos tazas de té negro con parsimonia
como en un acto ceremonial.
Hoy la he traído, pues, cediendo al gesto filial mi tarde laboriosa.
Tras los enormes ventanales vemos correr la vida afuera
mientras hablamos de otros días
y la tibieza del lugar sugiere que la felicidad no es más que esto.
De repente,
como recuperando las palabras de un sueño
ella dice: «Qué lástima que todo se termina».
Lo dice con sonrisa liviana, pues sabe
que ser trascendental no conviene a la tarde.
(Mi madre cumplió setenta y cuatro años
y alguna vez fue bella)
Al fondo de las tazas el té pinta sus signos.
Yo no sé que decir.
Miramos la avenida, las caras planas de los transeúntes,
los árboles que callan. Anochece.

LOS ESTUDIANTES

Los saludables, los briosos estudiantes de espléndidas sonrisas
y mejillas felposas, los que encienden un sueño en otro sueño
y respiran su aire como recién nacidos,
los que buscan rincones para mejor amarse
y dulcemente eternos juegan ruleta rusa,
los estudiantes ávidos y locos y fervientes,
los de los tiernos cuellos listos frente a la espada,
las muchachas que exhiben sus muslos soleados
sus pechos, sus ombligos
perfectos e inocentes como oscuras corolas,
qué se hacen
mañana qué se hicieron
qué agujero
ayer se los tragó
bajo qué piel
callosa, triste, mustia
sobreviven

SIN NOVEDAD EN EL FRENTE

En esta misma hora
Cecilio estaría sangrando la vaca:
le diría «quieta» con su voz nocturna.
Y Antonio, en esta misma hora, escribiría
con su letra patoja, «recibido».
¿Qué haría Luis? Quizá le ayudaría
a su hermano menor a hacer sumas y restas,
quizá se despidiera de su madre
pasándole la mano por el pelo.

(Cecilio, Antonio, Luis, nombres conjeturales
para rostros nacidos de otros rostros)

Cecilio es negro como el faldón con flores de su madre.
Antonio tiene acné y sufre los sábados
cuando va a un baile y ve a una muchacha hermosa.
Luis es largo y amable y virgen todavía.

En esta misma hora,
uno mira hacia el sur, donde su hermana
ha encendido una vela. Un gallinazo
picotea su frente. El otro
parece que estuviera cantando, tan abierta
tiene la boca a tan temprana hora. La misma
en que el tercero,
(largo y amable y virgen todavía)
parece que durmiera
con una flor de sangre sobre el sexo.
Sobre su pecho hay un escapulario.

Todo en el monte calla.
Ya alguien vendrá por ellos.

CUESTIÓN DE ESTADÍSTICAS

Fueron veintidós, dice la crónica.
Diecisiete varones, tres mujeres,
dos niños de miradas aleladas,
sesenta y tres disparos, cuatro credos,
tres maldiciones hondas, apagadas,
cuarenta y cuatro pies con sus zapatos,
cuarenta y cuatro manos desarmadas,
un solo miedo, un odio que crepita,
y un millar de silencios extendiendo
sus vendas sobre el alma mutilada.

RAÚL ZURITA

Raúl Zurita nació en Santiago de Chile, 1950. Estudió Ingeniería Civil en la Universidad Santa María de Valparaíso. Entre sus libros destacan *Purgatorio* (1979), *Anteparaíso* (1982), *Canto a su amor desaparecido* (1985), *La Vida Nueva* (1994), *Poemas militantes* (2000), INRI (2003) y *Mi mejilla es el cielo estrellado* (2003). Ha obtenido las becas Guggenheim, Andes y DAAD de Alemania. Ha recibido los premios Pablo Neruda, Pericle de Oro de Italia, Premio Nacional de Literatura de Chile y José Lezama Lima de Cuba. En 1982 trazó con aviones el poema «La Vida Nueva» sobre el cielo de Nueva York y en 1993 grabó en forma permanente el poema «Ni pena ni miedo sobre el desierto de Atacama, Chile». Libros y poemas suyos han sido traducidos al inglés, alemán, italiano, sueco, francés, ruso, chino, bengalí y turco.

LA MARCHA DE LAS CORDILLERAS

ALLÁ LEJOS

/CI/

Se hacía tarde ya cuando tomándome un hombro
me ordenó:
«Anda y mátame a tu hijo»
Vamos –le repuse sonriendo– ¿me estás tomando
el pelo acaso?
«Bueno, si no quieres hacerlo es asunto tuyo,
pero recuerda quien soy, así que después no
te quejes».
Conforme –me escuché contestarle– ¿y dónde
quieres que cometa ese asesinato?
Entonces, como si fuera el aullido del viento
quién hablase, Él dijo:
«Lejos, en esas perdidas cordilleras de Chile».

ALLÁ LEJOS

/CII/

Con la cara ensangrentada llamé a su puerta:
Podría ayudarme –le dije– tengo unos amigos
afuera
«Márchate de aquí –me contestó– antes de que
te eche a patadas».
Vamos –le observé– usted sabe que también
rechazaron a Jesús
«Tú no eres Él –me respondió– ándate o te
rompo la crisma. Yo no soy tu padre».
Por favor –le insistí– los tipos que están
afuera son hijos suyos...
«De acuerdo –contestó suavizándose– llévalos
a la tierra prometida».
Bien: ¿pero dónde queda ese sitio? –pregunté–
Entonces, como si fuera una estrella la que
lo dijese, me respondió:
«Lejos, en esas perdidas cordilleras de Chile».

LA MARCHA DE LAS CORDILLERAS

I. Y allí comenzaron a moverse las montañas

II. Estremecidas y blancas   ah sí blancas son las heladas
cumbres de los Andes

III. Desligándose unas de otras igual que heridas que se
fueran abriendo   poco a poco   hasta que ni la nieve
las curase

IV. Y entonces   erguidas   como si un pensamiento las
moviese   desde los mismos nevados   desde las
mismas piedras   desde los mismos vacíos
comenzaron su marcha sin ley las impresionantes
cordilleras de Chile

ALLÁ ESTUVIERON LOS NEVADOS

Chao idiota Zurita –alcanzó a
Gritarme–
en el otro mundo nos veremos
(g.m.)

También ellos se marchaban:
Somos las montañas que
caminan, decían
devolviéndose por esas nevadas

I. Empinados en su blancura   caminando con la nieve
los paisajes muertos de Chile

II. Las cordilleras de Chile   gimiendo monte adentro
como animales perdidos

III. Tras los paisajes muertos tapándolo todo igual que
bestias que cubrieran los valles   muertas de frío
empinándose tras los cerros

IV. Despidiendo la fuga de los paisajes vivos y muertos
hasta los blanqueríos donde nos empinábamos los
rebaños de la cordillera   helados y blancos   en la
nevisca regresando de esas largas marchas perdidas

NIEVES DEL ACONCAGUA

–LA MUERTE–

I. Sudamericanas   miren entonces las cumbres
andinas

II. Desde el viento y el frío   como ningunas
estrellando el cielo contra sus nevados

Tocando los blancos horizontes y las llanuras hasta que
sólo un sueño fueron los Andes desplegándose frente a
Santiago   altos y enfermos   en la muerte bañando
los enormes cielos sudamericanos

III. Por eso es tan dulce la muerte sobre la nieve

IV. Porque apenas una nevada es toda esta vida tras
los fríos horizontes de las montañas

V. Por eso se levantan sudamericanas ante el cielo y
soñando   majestuosas de nieve   recortándose
contra las alturas

Poniéndose más allá del frío y del silencio que se ve
mirando la inmensidad blanca de los Andes   al otro lado
de las nieves en que se bañan los muertos   mucho más
allá de donde nosotros mismos nos vemos cayendo igual
que una helada frente a estas llanuras

VI. Cuando la nieve se levanta y es el sueño la
cordillera sudamericana

VII. Donde la vida se va blanqueando en la muerte
hasta que sólo un sueño queda de los perdidos
horizontes de estos nevados

VIII. Cuando pasando como la muerte sobre la nieve
todas las cordilleras de los Andes se van a tender
sudamericanas y frente al cielo   majestuosas
heladas   perdidas

PASTORAL

Chile entero es un desierto
sus llanuras se han mudado y sus ríos
están más secos que las piedras
No hay un alma que camine por sus calles
y sólo los malos
parecieran estar en todas partes

¡Ah si tan sólo tú me tendieras tus brazos
las rocas se derretirían al verte!

LOS PASTOS QUEMADOS

I. Lloren los pastos de este valle de Cristo

II. Lloren la locura del quemarse de estos pastos

Para que todos los pastos de Chile crepitando se nublen
hasta el cielo y el cielo se haga allí una locura dejada
sobre el valle: la pasión dolorosa de estos campos

III. La locura será así un dolor crepitando frente a
Chile

IV. La locura será la dolorosa Pasión de estos paisajes

Desde donde Cristo se esparza crepitando sobre Chile
y Chile se haga allí el «Padre Padre / por qué me has
abandonado» como una locura desgarrándose sobre
estos valles: la sentida Pasión que les ardía

V. Porque allí verán la locura de Cristo ardiendo
sobre Chile

VI. Abandonados   sólo allí podremos lloran el dolor
de estos paisajes

VII. Entonces ya resecos   como una Pasión consumida
por todo este mundo escucharemos el estridente
sollozar de los quemados pastos de Chile

PASTORAL DE CHILE II

Los pastos crecían cuando te encontré acurrucada
tiritando de frío entre los muros
Entonces te tomé
con mis manos lavé tu cara
y ambos temblamos de alegría cuando te pedí
que te vinieses conmigo
Porque ya la soledad no era
yo te vi llorar alzando hasta mí tus párpados quemados
Así vimos florecer el desierto
así escuchamos los pájaros de nuevo cantar
sobre las rocas de los páramos que quisimos
Así estuvimos entre los pastos crecidos
y nos hicimos uno y nos prometimos para siempre
Pero tú no cumpliste, tú te olvidaste
de cuando te encontré y no eras más que una esquirla
en el camino. Te olvidaste
y tus párpados y tus piernas se abrieron para otros
Por otros quemaste tus ojos
Se secaron los pastos y el desierto me fue el alma
como hierro al rojo sentí las pupilas
al mirarte manoseada por tus nuevos amigos
nada más que para enfurecerme
Pero yo te seguí queriendo
no me olvidé de ti y por todas partes pregunté
si te habían visto y te encontré de nuevo
para que de nuevo me dejaras
Todo Chile se volvió sangre al ver tus fornicaciones
Pero yo te seguí queriendo y volveré a buscarte
para pedirte otra vez que seas mi mujer
Los pastos de Chile volverán a revivir
El desierto de Atacama florecerá de alegría
las playas cantarán y bailarán para cuando avergonzada

vuelvas conmigo para siempre
y yo te haya perdonado todo lo que me has hecho
¡hija de mi patria!

ESPLENDOR SOBRE LA HIERBA

Innarrables toda la aldea
vio entonces
el esplendor en el viento

Barridos de luz los pies de esa muchedumbre apenas
parecían rozar este suelo

Acercándose en pequeños grupos como si tras ellos
fuera el viento que los empujara   igual que hojas
tocados en la boca   hasta irrumpir en una sola voz
cantándose la sangre que dentro de ellos les latía

Pinchándose las cuencas de los ojos para saber si no
era un sueño el que los llevaba   mirando más arriba
desde donde salían a encontrarlos la muchedumbre de
sus hermanos   con los brazos abiertos   como si una
volada de luz los arrastrara cantando hacia ellos

PERO ESCUCHA SI TÚ NO PROVIENES DE UN
BARRIO POBRE DE SANTIAGO ES DIFÍCIL QUE ME
ENTIENDAS TÚ NO SABRÍAS NADA DE LA VIDA
QUE LLEVAMOS MIRA ES SIN ALIENTO ES LA
DEMENCIA ES HACERSE PEDAZOS POR APENAS
UN MINUTO DE FELICIDAD

(De *Anteparaíso*)

Ay amor, quebrados caímos y en
la caída lloré mirándote. Fue
golpe tras golpe, pero los últimos
ya no eran necesarios. Apenas
un poco nos arrastramos entre los
cuerpos caídos para quedar
juntos, para quedar uno al lado
del otro. No es duro ni la soledad,
nada ha sucedido y mi sueño se
levanta y cae como siempre. Como
los días. Como la noche. Todo
mi amor está aquí y se ha quedado:

–*Pegado a las rocas, al mar y a las montañas.*
–*Pegado, pegado, a las rocas al mar y a las montañas*
–Recorrí muchas partes.
–Mis amigos sollozaban dentro de los viejos galpones
–de concreto.
–Los muchachos aullaban.
–Vamos, hemos llegado donde nos decían –le grité a mi
–lindo chico.
–Goteando de la cara me acompañaban los Sres.
–Pero a nadie encontré para decirle «buenos días», sólo
–unos brujos con máuser ordenándome una bien
–sangrienta.
–Yo les dije –están locos, ellos dijeron –no lo creas.
–Sólo las cruces se veían y los viejos galpones cubiertos
–de algo.
–De un bayonetazo me cercenaron el hombro y sentí mi
–brazo al caer al pasto.
–Y luego con él golpearon a mis amigos.
–Siguieron y siguieron, pero cuando les empezaron a dar

–a mis más cercanos corrí al urinario a vomitar.
–Inmensas praderas se formaban en cada una de las
–arcadas,
–las nubes rompiendo el cielo y los cerros acercándose.
–Cómo te llamas y qué haces me preguntaron.
–Mira tiene un buen culo. Cómo te llamas buen culo
–bastarda chica, me preguntaron.
–Pero mi amor ha quedado pegado a las rocas, al mar y
–a las montañas.
–Pero mi amor te digo, ha quedado adherido a las rocas,
–al mar y a las montañas.
–Ellas no conocen los malditos galpones de concreto.
–Ellas son. Yo vengo con mis amigos sollozando.
–Yo vengo de muchos lugares.
–Yo vengo llorando. Fumo y pongo con los chicos.
–Es bueno para ver colores.
–Pero nos están cavando frente a las puertas.
–Pero todo será nuevo, te digo,
–oh sí lindo pende.
–Claro –dijo el guardia, hay que arrancar el cáncer de
–raíz, oh sí, oh sí.
–El hombro cortado me sangraba y era el olor raro la
–sangre.
–Dando vuelta se ven los dos enormes galpones.
–Marcas de T.N.T., guardias y gruesas alambradas
–cubren sus vidrios rotos.
–Pero a nosotros nunca nos hallarán porque nuestro
–amor está pegado a las rocas al mar y a las montañas.
–Pegado, pegado a las rocas, al mar y las montañas.
–Pegado, pegado a las rocas, al mar y las montañas.
–Murió mi chica, murió mi chico, desaparecieron todos.
Desiertos de amor.

(De *Canto a su amor desaparecido*)

A PAULINA WENDT

No nos hemos perdido

No nos hemos perdido.
Infinitas batallas nos preceden,
incontables cadáveres hinchándose sin fin bajo las lluvias
y músculos y tendones rotos emergiendo como sueños
entre los botones de tierra.
Nos preceden veraces campos, fértiles trigales abonados
sólo con sangre,
siglos enteros labrados a destiempo,
generaciones igual que árboles quemándose en la tormenta
Pero nosotros no nos perdimos.

Entre las luces de las estrellas que no llegaron a destino
y los ojos húmedos que chirriaron ardiendo
en las antorchas
Entre las cenizas de los cuerpos aun pegadas a los muros
Entre los mares derrumbándose
y las falsas Ítacas refulgiendo frente a Nadie
Nosotros no nos perdimos.

Miles de otras naves nos esperaban
Océanos de muertos nos querían llevar consigo
Sirenas como racimos nos llamaron con su canto
Pero nosotros no nos perdimos.

Y por eso ningún cadáver
ni ningún grumo de sangre que cantó cuajado en el hueso
ni ningún tendón roto vendido en el canasto
ni ningún amanecer asombrado entre los verdugos

ni ninguna ruina ni naufragio
dejó de encontrar el cielo que es nuestro y es de todos.

Porque nos encontramos no sucumbió la eternidad
Porque tú y yo no nos perdimos
ningún cuerpo
ni sueño ni amor fue perdido.

(De *INRI*)

JORGE BOCCANERA

Jorge Boccanera (Bahía Blanca, Argentina, 1952). Publicó, entre otros libros: *Los espantapájaros suicidas, Contraseña, Música de fagot y piernas de Victoria, Los ojos del pájaro quemado, Sordomuda* y *Bestias en un hotel de paso,* y las compilaciones *Antología personal, Marimba, Zona de tolerancia* y *Servicios de insomnio.* Autor, además, de los ensayos: *Confiar en el misterio/ Viaje por la poesía de Juan Gelman* y *Sólo venimos a soñar. La poesía de Luis Cardoza y Aragón.* Fue jefe de redacción de las revistas *Crisis* (Argentina), *Plural* (México) y *Aportes* (Costa Rica). Su poesía ha sido traducida parcialmente al italiano, francés, holandés, japonés, húngaro, checo, inglés, portugués, sueco, etc.

ESA FOTOGRAFÍA QUE NOS SACAMOS UNA VEZ

Me molestaban
los ojos de los vagabundos desde los árboles vecinos,
ese enorme sombrero
y los ruidos del tren carguero de las doce,
cada vez que hacíamos el amor debajo de los puentes.
Después,
yo me quitaba el barro de las botas
y regresaba alegre a mi fagot,
mientras tu voz tatuada por mis besos
volvía a los sustantivos de costumbre.

Y te olvidabas pronto del color de mi ojos
y pronto me curaba del filo de tu piel.
Y vuelta al juego de encontrarnos
quizá en un bar entre Perú y Defensa,
o en la vieja recova,
si era domingo en plaza San Martín.
Y otra vez tus labios despintados
alimentando pájaros ocultos
en los trapos más negros de mi barba.

Después,
pasó el otoño con el café barato tu pequeña canción,
vino acaso la guerra, volví a los compañeros
la distancia de a poco fue cubriendo todo, como
un lento derrumbe de cartas amarillas que no llegaron
[nunca.

Y un nuevo jet cruzó todo el espacio,
una ciudad pasó a llamarse Ho,
se agudizó la histeria del fascismo,
nadie habló del otoño durante doce meses,

y cada vez que pasa un tren carguero, suena esa melodía
«La gradisca si sposa e se ne va».
Y ya nadie se ama debajo de los puentes
donde los vagabundos crecen en número y silencio.

(De *Música de fagot y piernas de Victoria*)

ORACIÓN

XVII

Alguien ha entrado al mar como a una casa,
humaredas de espuma le entorpecen el habla lo ciegan
llenan su corazón de harina negra.

Si el pescador era propiedad de la tierra
el ahogado pertenece al mar,
y es inútil disputarle a las aguas esa verdad pesada.

Como el rostro del que entró para siempre
al espejo del agua,
en un país que desconoce.

En el muelle
la muchacha de la bufanda azul espera.

La memoria es a veces como una piedra enorme
en los brazos de un niño.

(De *Oración para un extranjero*)

POLVO PARA MORDER

I

A veces la palabra
como una copa rota donde morder el polvo,
y otras veces un agua
de alumbrar.

Asomada a los cielos, la palabra
es un tambor de polvo deshecho al primer golpe.
Remando en el infierno, la palabra
es un agua posible sobre un manto de cólera.

Entonces, la palabra,
¿polvo para morder en la oscuridad?
¿agua para alumbrar este cuerpo callado?

III

Bésale las piernas a la poesía
aunque diga que no que aquí nos pueden ver.
Bésale las palabras hurga su lengua hasta
que abra los brazos y diga ¡santo dios!
o hasta que santodios abra los brazos de escándalo
bésale a la poesía a la loba
aunque diga que no que hay mucha gente que aquí
nos pueden ver. Bésale las piernas las palabras
hasta que no de más hasta que pida más
hasta que cante.

EXILIO

expulsados de la selva del sur de Sumatra por los hombres que vienen a poblarla, 130 elefantes emprendieron hoy una larga marcha de 35 días hacia la nueva ciudad que les fue asignada.

(afp. 18/11/82)

No hay sitio para los elefantes.

Ayer los expulsaron de la selva en Sumatra,
mañana alguien les impedirá la entrada al Unión Bar.
Yo integro esa manada hacia Lebong Hitam,
yo sigo a la hembra guía,
cargo con la joroba de todas mis valijas sobre las
cuatro patas del infierno.

Llegarán a destino –dijo un diario en Yakarta.
Los colmillos embisten telarañas de niebla.
Llegarán a destino,
viejas empalizadas que sucumben bajo mareas de carne.
Llegarán –dijo el diario–.

La estampida cruza por suelos pantanosos
y mi patria –la mía– es sólo esta manada de elefantes
que ha extraviado su rumbo.

¡Guarde celosamente la selva impenetrable este ulular
de bestias!
Tambores y petardos, acompañan.
Algo de todo el polvo que levantan, es mío.

(De *Polvo para morder*)

HADA

Se alimenta de carne de venado, de hojas grandes
y verdes, pero vomita nieve.
Se desliza a gran velocidad, sube a los altos picos
y cuenta lo que todos callamos.
¿Podría patinar sobre un pie? ¿Dibujar en un pie?
Voy a decirlo de otro modo: la Sordomuda pasa
con su cuerpo ladeado para recuperar el equilibrio.
Aquí todos la aclaman: «no hay palabras, es única».

Con su pasamontañas se desliza.
Clava sus espolones y mi lengua aterida se enrolla en
viejos miedos.
Y así ella se alimente de frutas amarillas o de peces
plateados, siempre vomita nieve.
Cuando vomite al bosque, yo lo conoceré.

Ahora está en la pendiente: «no hay palabras, es
única».
Yo rito del trineo, con mi hocico escarchado poco
puedo decir.
Para ella los aplausos porque puede bailar, dar vueltas
como un trompo.
Y si se lo propone,
podría leerle los labios a un muñeco de nieve.

UNIVERSO

El poeta, como el cazador pobre,
a lo que salga.
Baldomero Fernández Moreno

El domador que mete su cabeza dentro de la boca
del león, ¿qué busca?
¿La lástima del público?
¿Que tenga lástima el león?
¿Busca su propia lástima?

El poeta que arroja su anzuelo en la garganta de la
Sordomuda, ¿qué busca?
¿La lástima del público?
¿Que tenga lástima la Sordomuda?
¿Busca su propia lástima?

Y el público, ¿está loco? ¿por qué aplaude?

SUMA

Los días no contaban para mí,
bastaba la palabra.
Yo escuchaba en cuclillas como alguna palabra
conversaba con otra.
No contaban los días.
Pero extravié palabras y los días me siguieron
de cerca con sus largos abrigos.
Yo iba mirando el suelo.
«Ese no cuenta el cuento», vaticinaron unos.
Yo no escuchaba a nadie, yo contaba con ellas.
Los días fueron como trapos mojados en los pies.
Habité días feroces porque perdí palabras.
Eran contadas y eran, al fin, las que contaban.
El tiempo es implacable.
El que pierde palabras tiene los días contados.

EL PELUQUERO

Asentaba navajas en un listón de cuero,
porque era su trabajo arrancarle a los rostros sus
animales muertos.
Hacía barba y bigote para el espejo atestado de gente.
Su navaja pulía aquella superficie,
rasuraba los rostros del espejo y haciendo su trabajo,
¿afeitaba al espejo?

Era más chico que un tarro de gomina Brancato
mi abuelo,
pero una cabeza más alto que la muerte.
Invitaba al cliente sacudiendo una toalla
y el cliente ocupaba aquel sillón Dosetti de madera
y entraba en el espejo.
El estilista hablaba solamente con su tijera
y cuando ella por fin tenía la lengua desgajada hacia
un lado,
él decía: «servido».

Mi abuelo maquillaba al espejo con estrellas de talco
y usaba un pulcro saco blanco.
La muerte –que es prolija– le envidiaba su colección
de peines.

Un día la muerte, que hojeaba una revista deportiva,
dijo:
«me toca a mí».
Y ocupó aquel sillón, despatarrada y con
un remolino en la cabeza.
«Tiene un pelo difícil», dijo sin voz mi abuelo.

Después, la muerte asentó su navaja y haciendo su
trabajo, ¿rasuraba al espejo?
El peluquero se marchó bajo un cielo cualquiera con
estrellas de talco.
El espejo se pasó la mano por la cara afeitada,
suave, como un recién nacido.

(De *Sordomuda*)

SILVIA PLATH LAVA UNA TAZA, SECA UNA TAZA, ROMPE UNA TAZA

Qué cabeza la mía,
dejé una frase suelta y una rosa en el horno.
Cotidianos trajines, calores, taquicardia,
y un almohadón de plumas
con un lápiz labial justo en el centro.

Qué cabeza la mía.
Yo buscaba algún parque y encontré en un mal sueño
una torta partida por un rayo.
La sala está revuelta.
El miedo de un venado no cabe en este horno,
por eso huele así toda la casa.

Pero a quién se le ocurre
dibujar una piedra y tropezar dos veces,
llenar un cenicero con los puntos y comas
de alguna carta antigua.
¿Hubo un Adán violento? ¿Hubo un amor-halcón
«de una vez para siempre»?
Qué cabeza la mía,
guardar los zapatones en un charco
y aceptar ese baile sabiendo que me espera
una puerta cerrada tras la puerta.

ALEJANDRA PIZARNIK ABRE SU CUADERNO DE APUNTES

El hombre que saca la cabeza del agua,
es un pez que se asfixia.
El pez que mete la cabeza en el agua,
es un hombre y se ahoga.

El poeta escribe en la línea del agua,
    y se asfixia,
    y se ahoga.

SERVICIOS DEL INSOMNIO

Apilo noches cada noche.
Paredones de sombra donde mi sombra reza, traga
un bocado, un ruido de hojas secas.
Es a destajo y es de mala gana.
Yo tuve otros trabajos. Eso está en otra historia.
Ahora dedicación, la vista baja.
Castigo de las manos, pena. Una sobre la otra,
apilo noches, de barro son, cuadradas.
Ahora dedicación, la paga escasa
Reseca es esta noche, hosca, de madres muertas.
Yo tuve otros empleos. Eso está en otro cuerpo.
Ahora dedicación, la lengua muda.
Soy el que apila noches toda la santa noche.
El que traslada escombros de una carta a la otra.

BESTIAS EN UN HOTEL DE PASO

Escalas del deseo para el rinoceronte,
gran cuerno de atizar.
Hay un ancla de huesos enterrada en un cielo
distinto al de los libros,
una historia de escamas y de plumas revueltas
en abrazos y vapores de júbilo.
La gran mole ladeada acomoda la verga, echa a rodar
su lágrima de polvo.
Peldaños del deseo para el que corcovea y respinga
de gozo.
Racimo de pezuñas tachonadas al lomo de la tierra.
Y en la noche del cuerpo: un tambor de jadeo,
selva de cañerías,
de dos que se despiertan dentro de un laberinto
y agitan sin desmayo sus perlas oxidadas, sus
armaduras tristes, sonajeros de fierro.
Llueven migas de pan cuando la hembra conversa:
«Desde éste, mi lugar, puedo ver la otra orilla».
Él, callado, contesta
que en dos patas es fácil olfatear ramas altas.
Y en el cuento infinito,
el cazador apunta a la cabeza de los sueños.

CUCHARA

Nace del verbo dar,
como si el corazón tuviera mango.
Está hecha de lo que le falta, Jamás
se guarda nada para sí.
Podría medir el mundo, acunarlo, transportar
su misterio, sus campanarios de agua de una orilla
a la otra.
Más humana que un perro.
Más a mano que Dios.

(De *Bestias en un hotel de paso*)

YOLANDA PANTIN

YOLANDA Pantin, nació en Caracas en 1954. Estudió Letras en la Universidad Católica Andrés Bello de esa ciudad. Es autora de los siguientes libros de poesía: *Casa o Lobo* (1981), *Correo del Corazón* (1985), *La Canción Fría* (1989), *Poemas del Escritor* (1989), *El Cielo de París* (1989), *Les Bas Sentiments* (París 1992), *Los Bajos Sentimientos* (1993), *La Quietud* (1998), *La Épica del Padre* (2002), *El Hueso Pélvico* (2002), *Poesía reunida, 1981-2002* (2004), además del poema dramático *La Otredad y el Vampiro* (1994). En 1998 publicó en España la antología personal *Enemiga Mía*, y en 2005 el libro *Herencia*. Ha sido invitada a participar en numerosos encuentros de poesía y congresos de literatura viajando para ello a México, Guatemala, Colombia, Perú, Argentina, Uruguay, Francia, España, Holanda, Italia, Portugal, Alemania, Israel, USA, República Dominicana. En 1989 recibió en Caracas el Premio Fundarte de Poesía. Fue becaria de la Fundación Rockefeller en Bellagio Study Center. En 2004 recibió la Beca Guggenheim.

LAS VACAS (Lyons la Forêt)

Aquí, en la *Normandie*
fui inmensamente infeliz

A la sombra de las vacas tomé un coche

–vagaré por estos mundos
tan extraños tan profundos–

Sentí miedo
por los verdes diluvios

los cisnes en los lagos
un camino serpenteante

–lloraba en los brazos
de la Francia impenetrable–

Nunca más veré este cielo
ni estas vacas de tersas orejas

les dije: *adieu*

rumien hermosas también
sus dulces sueños

del prado al establo

En el bosque
miré al cielo

donde dios habita
mudo imperturbable

–Dios es bueno–

Las vacas mugían locas de miedo

Quise acariciar la pelambre de sus pechos
susurrar a las orejas tatuadas de metales

–registros sementales
fríos rendimientos–

Nada es puro
en esta noche

ni estos animales

–tontas vacas en las verdes colinas–

pienso en ustedes
sin nostalgia

rumiando conmigo la última cena.

(De *Los bajos sentimientos*)

RETRATO DE MUCHACHA CON SU PADRE EN LAS TORRES GEMELAS

Es una panorámica. A ambos extremos
el espacio entre ellos, lleno
por la vista de Manhattan.

La expresión de la joven, serena,
igual que el padre, equidistante.
Están separados, sí, pero unidos
por lo mismo que los distancia:

Aire, perfiles, nubes,
término y comienzo de un viaje.
Para el padre, añoranza;
para la hija, el mundo.

Así, miran a la cámara
en el día soleado:
Ladeado el rostro, sonríen,
desde *adentro,* desde donde son felices.

Perpetuidad de la memoria,
instancia plena,
desea la muchacha:
Belleza, equilibrio.

El padre entrecierra los ojos
que ha cegado el sol, arriba,

con un brillo inédito.

(De *Poemas huérfanos*)

POEMA DE LAS DOS CABEZAS

Este es el poema de las dos cabezas

Sol
Cuello Cortado
descansa sobre la hierba

Cabeza Soberbia
partió a los Australes

Sol
Cuello Cortado
dejó que un insecto
revoloteara en sus labios

y durmió un instante

Cabeza Soberbia
cansada del viaje
haló de los pies a su amante

Estuvieron parloteando un largo rato

Una tormenta siguió a la otra
mas estas cabezas tenían mucho que decirse

Sol
Cuello Cortado
saltó sobre la nieve

y posó sus labios
sobre la boca tumefacta que hervía
sobre un hervidero de palabras

Se contaron sus vidas

Esto era todo lo que tenían que decirse

sus vidas sus amores

La noche las encontró
bajo un bloque helado

–el viento ululaba en el paisaje blanco–

«Es un presagio»

dijo Sol
Cuello Cortado

«No hagas caso»

Cabeza Soberbia
sintió pánico

y entrechocaron sus orejas en un largo abrazo.

(De *La canción fría*)

SON TRES LOS ZOPILOTES

Mira volar los zopilotes son horrendos
Allí están en la cornisa del otro edificio

Mientras sirvo el café las aves negras
se han posado en la antena parabólica diríase atalaya

Cada uno conserva el equilibrio que es suyo y no del Otro
–*¿De quién comen?*

Ahora vuelan sin moverse no hacen ruido
Son tres los zopilotes ya lo he visto

una madre y dos de sus pequeños
o una pareja de amantes y su sombra.

(De *Los bajos sentimientos*)

TRADUCIÉNDONOS A NOSOTROS MISMOS

Hay algo extraordinario

en el lugar del No Entendimiento
y el deseo de entender

semejante a la tarea de escribir un poema
o de traducir un fragmento

de un idioma desconocido

Algo cierto
como un hachazo

en la infantil necesidad
de articular un pensamiento

o dibujar algo

que haga señales
en el claro del bosque

para el niño autista

Pequeños sucesos
de la comunicación humana

–¿Qué dice?
–*¿Qué quiere decir?*

Mínimos gestos y mínimas palabras
que en algo calman

la creciente ansiedad
Voy entendiendo sólo

lo que proyecto sobre ti

lo que tu lengua
desencadena

desde su música extraña
cuando

desde algún lugar

desencajado
emergen

como faros, también, inesperadas
alusiones a osos, a leopardos

O la palabra «lobo»

traída por el deseo
más allá de las cultas referencias

a la fundación de Roma
y pasando por alto

lo que podría ser
en el diálogo y no en el monólogo

poético

si pudiésemos hablar
en el mismo idioma

un intercambio de eruditas lecturas
y salas de museos

la palabra «lobo»
enaltecida

sustanciada

Porque

lo que al final se entiende
desde la callada

orfandad
de frases imposibles

y oídos
sordos

vacilaciones
intentos de avanzar

en el claro del bosque

–¿Qué dices?
–¿Qué me quieres decir?

cuando una palabra surge
y uno cree entender

lo que no era
y *Es*

en la certeza también
y en el fracaso del poema

(De *La épica del padre*)

UMBRAL

Ya no sois dos, sino uno
Mateo, 19-6

Yo abrí la boca aterida de los muertos
que era uno y lloraba

Llena de miedo
abracé el cuerpo que tenía a mi lado

Los besos devolvían sin vida las palabras
bosques y ensenadas

Yo anhelaba la muerte
entrar contigo en el púdico destello

(De *Los bajos sentimientos*)

QUIERO DESCANSAR EN LA ISLA DE TOBAGO

Espero la hora
sentada entre los niños

mientras tanto

reconstruyo en la memoria
el último sueño

La maleza en el jardín
separa los altares

dios del diablo

Pienso en las orquídeas
que cultiva mi padre

abiertas en sus manos

–Yo,
la vigilante
escuchaba con pena
el llanto de mi madre–

cuerpo abultado por el mínimo tacto

La hora se acerca

Quiero descansar en la isla de Tobago

(De *Los bajos sentimientos*)

LAS CIUDADES INVISIBLES

Las ciudades, como los sueños,
están construidas de deseos y de miedos
Italo Calvino

Escribir sobre el amor
Los ojos claros de Verona
–poesía, eres tú–
imaginar una ciudad invisible
como ella
reflexionar sobre la muerte
y la fotografía
ser fiel y atento
a todo lo que en ella
se niega suspicazmente
tácita y oblicua
recordar
sobre todo
que aquello que se ama
no existe

(De *Correo del corazón*)

Nadie juega montura de palma. Ni dan siquiera de beber a las bestias. Ni así tenemos casa. Ni somos. Ni aún seremos parte. Pájaro de árbol, jamás. Ni pasto nuevo. Rajadura donde filtra tu voz haciendo daño. De qué lugar o infierno esa palabra a morir. Y no poseo rincón, sitio de la tierra, reloj para esa hora, ni así donde guardarme. Cómo no volver. Volver mientras tachamos o estarnos en pie sobre el roto de marzo.

(De *Casa o lobo*)

VICENTE QUIRARTE

VICENTE Quirarte nació en México D.F. en 1954. Es profesor de la Facultad de Filosofía y Letras de la Universidad Nacional Autónoma de México e investigador del Instituto de Investigaciones Bibliográficas. Ha sido profesor invitado en Austin College y las Universidades de Jerusalén y Sevilla.

Su libro de poemas, *Nombre sin aire* fue publicado por la Editorial Pre-Textos de Valencia: igualmente la antología *Como a veces la vida.* Sus poemas reunidos (1978-1998) aparecieron en México bajo el título *Razones del samurai.* Entre sus libros de ensayo se cuentan *La poética del hombre dividido en la obra de Luis Cernuda, El azogue y la granada. Gilberto Owen en su discurso amoroso, Peces del aire altísimo* y *Elogio de la calle. Biografía literaria de la Ciudad de México, Enseres para sobrevivir en la ciudad, Nuevos viajes extraordinarios* y *Del monstruo considerado como una de las bellas artes.* Como dramaturgo ha escrito y han sido llevadas a escena las obras *El fantasma del Hotel Alsace. Los últimos días de Oscar Wilde, Retrato de la joven monstruo* y *Hay mucho de Penélope en Ulises.*

Ha recibido el Premio Xavier Villaurrutia y la Distinción Universidad Nacional. Es miembro de número de la Academia Mexicana de la Lengua. Actualmente es director de la Biblioteca Nacional de México.

SER PARA LA VIDA

¿Cómo se guarda al ser de lo que viene?
¿Qué amuleto invocar para que el rayo,
sumergido el marfil en carne adicta,
no acolmille en el alma?
¿Cuándo soltar el ancla, la ropa, los amarres
y atarse bien al mástil,
seguro de que la nueva cárcel elegida
es espacio del canto, hilo donde los pájaros
son granadas de pluma,
notas no extintas después de la batalla?

Inocente barbarie de tus muslos,
hendidura, humedad, tacto sin máscara,
verbos que cortan como navajas nuevas,
la plateada saliva de las bocas
trenzadas en un andén adolescente.

¿Cómo se guarda este minuto eterno
en que los dos son uno,
invencible animal de piel sedeña,
vida desbarrancada
que sabe que la muerte
son seis letras sin nombre,
alfabeto sin cliente, laberinto
donde perderse es ser para la vida?

(De *Ese extraño animal*, inédito)

CASIDA DEL NOMBRE SIN AIRE

Cuando digo tu nombre pierdo el aire.
En mi breve naufragio
resplandece el desierto de tu infancia,
puñales que los beduinos
oponen al viento negro
que subvierte los cielos, mar aciago.
Esófago, esternón, costilla izquierda
donde tu madre invoca
una antigua canción para nombrarte.
Antes de ser con Dios,
tu padre hunde las manos en el agua
y el sol le otorga el oro
del compás que trazó tu simetría.
Cuando digo tu nombre pierdo el aire.
Una vez que regresa,
la boca me sabe a fresas de tu sangre.
En mis labios se troza un pájaro de vidrio.

CASIDA DEL DRAGÓN, EL SIGNO Y LA PRINCESA

Más tendida y más honda que su cuerpo, clava los ojos en el cielo. No la ha vencido el feroz ejercicio, ni la flor roja impresa en el rostro de la sábana. De la llave del agua ha bebido como si la sed fuera pecado interminable.

El enamorado ha salido de la alcoba a medir la cintura de la noche. «¿Eres tan inabarcable como el cuerpo que puedo tomar con mis dos manos, y al que nunca acabaré de contener?».

Junto a la princesa arde una botella y vela el Libro.

Dice la primera: «Soy los belfos del dragón, agua que corta y vuelve a mis vasallos aire o vidrio. Los labios de la princesa no me tocan pero sus ojos bastan para ser consumido en mis vapores».

Dice el segundo: «Soy el signo. La princesa abrió sus piernas como un libro y no quiso mirarse en mis palabras. Se supo impura. Como puente entre Dios y sus criaturas, si pronuncio su nombre el cielo se derrama».

Alhaja de sí misma, la princesa fulgura en el estuche negro de su cama.

CASIDA DONDE HABLA EL DESIERTO

Me descubro en la luna de tu ojo
y me aterra el olor de mi belleza.
Cada vez que respiras
me otorgas un nombre diferente
y no sé qué hacer para ocultarme.
Yo, el poderoso, yo, el temible,
me avasallo en tu almendra. Resucito.
Eres como mi piel, gacela, duna,
tan color de la noche más sin sueño.

Anoche dormiste con mi cuerpo.
Soñé toda la noche con el tuyo.
Al despertar,
se hundió tu pie derecho en mis arenas.
Luego el del corazón sostuvo tu belleza,
desplegada en el día
como una palmera adolescente
a la que el viento aprieta la cintura.
Era temprano y pude
lograr que mi frescura te bañara
antes de que el sol enloqueciera
humillado en presencia
de la hija elegida entre los hombres.

A través de los párpados,
el iracundo sol que me dejaste
dibuja tu boca con sus rojos,
la piel de tu vientre con sus ocres,
el aura de tu cabello con su eclipse,
ese instante en que el Sol
ofrece su corona.

He huido de tus ojos
pero no de su imán insoportable.
He logrado que tu breve figura
se separe de mí. Que los caminos
trazados en mi arena te devoren.
He llegado sin ti, conmigo en todo el cuerpo,
a la antigua ciudad donde tus dientes
fulguran más que el día.
Donde tus arracadas brillaron más sonoras
que el pregón vespertino.

La huella del perfume
que dejaste en mi cuerpo
es la mano de Dios cuando me hizo.
Todos los días es Otro y es Él mismo.
Todos los días es Otro y es el mismo.

Tu perfil es la orilla de un planeta
que se muere de frío.

No fue sólo el ambiguo cristal de la ginebra; tampoco el Tajo en gris, desplegando sus poleas, sus gavias y sus muelles, emblemas de la ciudad trabajadora que ofrece media moneda de su sueldo para que las calles pinten de verde sus ventanas y el barrio celebre diariamente los quince años de su muchacha pobre.

Tampoco tu clandestina monarquía –reina africana– en el balcón del hotel donde eran tus banderas los colores mojados de la ropa de enfrente.

Saliste a la ciudad y revivieron muros deslavados; se enderezaron calles; los rieles se pavonaron a tu paso.

El vientre del oporto acariciaba el filo de tu cama, hoja donde el sueño derramaba la tinta de tu pelo y acentuaba el escorzo de tu cuerpo.

Tu vientre me soñaba niño viejo y mi primera palabra se forjaba en la punta terrible de tu lengua.

Un tercer corazón nacía en tu aliento, ungía con saliva tus pezones, acampaba en la espuma algebraica de tu pubis.

Fue más bien el regreso. Condenada por el tiempo, la eternidad montó en tu grupa y te hizo todas las hembras de la Historia. A todos los nombres respondías, pero eras la mujer de mis desvelos.

Tu espalda, un delfín interminable, y los dos soles duros de tus nalgas.

Los labios de tu primera boca me decían: «No toques esta puerta. Atrévete a soportar para siempre la carencia o vuélvete adicto al paraíso. Ábreme».

Entré en la virgen negra de tu bosque, en la canela en llamas de otros labios: laberinto, caracol, rosa de cobre.

A la mañana siguiente, el alma lastimaba más que el cuerpo. Tu beso mojado me nombró caballero. Desde entonces me duelen los sentidos.

CASIDA DE LA NEGLIGENTE PRIMAVERA

Mañana llegará la primavera.
Quiere entrar con tacones musicales,
con afianzados dientes,
luego del gesto grave del invierno.
Muchacha negligente
que todo lo deja al último minuto,
pregunta en las esquinas por tus señas.
Que por favor le busquen
la llave de tu casa,
las tijeras, la regla, la madrina
que diseña tu ajuar de entre semana
y te plancha los trajes para fiesta.
Para decir «Presente» necesita
repintarse la boca con el lápiz
que hallaste en un bazar
atendido por santos clandestinos.
Deschavetada y loca, adolescente
que no sabe qué hacer con sus torpezas,
requiere de tu auxilio para salir al ruedo.
Se adensa de perfumes.
Huele a tu lenta axila y a tu vientre.

CASIDA DEL QUE ARDE SOLO

Traigo todo este amor atravesado
y no bastan distintas transparencias
para lavar tu cuerpo de mi cuerpo,
para que el mal se vaya y sólo quede
el fulgor invencible de haber sido.

Miel de los alquimistas agaveros,
cristal donde se mina un fuego blanco,
comunión en la pila de la iglesia
donde alzo tu nombre, bien nacida,
antes de que te unja
el demonio con trajes de una feria
donde perdí las almas que no fuiste.

Este aferrado amor –su máscara y su cetro–
es ausencia de ser
y es ser con mayor fuego en el naufragio.

Amor, no sé si te mereces
las cuatro letras vivas de ese nombre
y menos su mayúscula.
No sé si llamarlo así, llamarte,
porque el amor
es un trago derecho, limpio y hondo
que trasluce la piel de sus perdidos.

Este estoque invisible que me cruza
no es la muerte aún.
Pero se le parece como nada.

(De *Nombre sin aire*)

DEL OTRO LADO DEL MAR

Del otro lado del mar ella despierta.
Alrededor de su cintura
el sudor le ha forjado
una cadena de oro por ella no advertida.
(Joyas nacidas de su cuerpo,
humilde humor de Dios).

Se incorpora de golpe.
El jardín, el ladrido, otros deberes
la ponen brutalmente sobre el mundo.

Del otro lado del mar
él mira el mediodía
a través de otra ventana y otro cielo.
En su mano adivina el cinturón de oro
que el sudor ha forjado
alrededor de la cintura de ella.
Y a lo largo del día le dolerá con todo.

Del otro lado del mar ella enciende la estufa.
Mientras espera que el café conceda
su caricia diaria, irrepetible,
se le cruzan los siempre con los nunca,
las palabras ya dichas y agotadas
con aquellas que esperan nuevos moldes.

Del otro lado del mar
él defiende el castillo donde poco a poco
ha aprendido a estar solo,
a saberse su dueño y su vasallo.

Del otro lado del mar,
a través de su ventana ella descubre
el aletear de un pájaro
que en lengua policroma anuncia
la inminencia del verano.

Del otro lado del mar él mira dos palomas
que en nombre del cortejo
no miran las migajas. Siempre el todo.
Ese todo instantáneo donde la vida
al seguir siendo, es para siempre.

Y en ese instante
surge la risa fugaz del ángel Lindbergh
y el océano se borra.
Él y ella han dejado de existir:
Nosotros mira a través de la ventana.

LA HERENCIA LIBERAL

Para Gilberto Bribiesca

Mamá:
Están a punto de fusilar a Melchor Ocampo.
El aire se ha transformado en muro de cemento.
Antes de que suceda,
he salido a mirar los aviones
y a viajar en tus ojos.

Ya llegan por Ocampo a su hacienda Pomoca,
hermana de su nombre,
ya lo dejan escribir unas cartas,
aquélla, sobre todo,
en que cede sus libros al Colegio
de San Nicolás Hidalgo
y pide que sus amigos predilectos
antes elijan los que más les gusten.

Todo esto lo leo en una obra
que fue propiedad de tu marido.
Tiene sus subrayados y también tus vigilias.
Comprar ese libro, encuadernarlo,
te robaba el sueño pero nunca los sueños.
Como la mayora de la casa,
mirabas entrar libros y libros.
Unos llegaban heroicos y maltrechos
como el ejército liberal,
templados a fuerza de derrotas
y había que alimentarlos y arroparlos.
Quererlos como a hijos andrajosos

porque *chinaco*, el guerrillero del pueblo,
viene de la palabra *tzinácatl*
y tú, aunque no lo supieras,
y a veces maldijeras su llegada,
los cuidabas
como si fueran también nuestros hermanos.

Por eso los dos, tú y papá,
me cuentan la verdadera historia.
Es de Ocampo la frase:
«Me quiebro pero no me doblo».
Mi padre la decía. Y tú la practicabas.
Hoy Ocampo se llama calle,
nos dice biblioteca, libertad, soberanía,
permite que respirar sea un orgullo
y la patria nos duela como carne.

Directa y a los ojos me llega aquella carta
de José María Arteaga,
ese generalazo michoacano
que atrevió el diminutivo
y se dirigió a su madre como yo te hablo a ti,
aunque no lo parezca, en tercera persona:
«Mamá. Me van a fusilar.
Perdóneme por haber dedicado
mi vida al ejercicio de las armas
que tantas mortificaciones le ha causado.
No tengo para dejarle
sino un nombre sin mancha».

Mamá:
Ya casi fusilan a Melchor Ocampo.
Y usted que ya no está

para mover, resignada, la cabeza
cuando a su marido y a su hijo
se les quiebra la voz ante tan poca cosa.

(De *Ese extraño animal*, inédito)

MYRIAM MOSCONA

Myriam Moscona nació en Ciudad de México en 1955. Proviene de una familia de judíos búlgaros que emigraron a ese país. Es poeta y periodista. Ha publicado los siguientes libros de poesía: *Último jardín* (1983), *Las visitantes,* Premio de poesía Aguascalientes 1988 (1989), *El árbol de los nombres* (1992), *Negro marfil y Vísperas* (1997). Es también autora del texto *De frente y de perfil,* conjunto de semblanzas de poetas mexicanos contemporáneos. En colaboración con Adriana González Mateos tradujo al español *La música del desierto* de William Carlos Williams, con el que obtuvo el Premio Nacional de Traducción de Poesía en 1996. Su obra ha sido incluida en numerosas antologías y traducida a varios idiomas. Ha escrito también poemas en ladino.

Desde 1993 es conductora del noticiario cultural *9:30* del Canal 22 de la Ciudad de México.

FÁBULA DEL CAZADOR

Una mañana
Don Juan
Salió de caza.
Vio a lo lejos
Un hermoso ejemplar
Inclinado de espaldas sobre el río.
Acechó a su presa
Con sigilo.
Imaginó su forma de mirar.
Era un hombre de lecturas
De modo que
Repasó estas líneas
Eficaces para cualquier
Comienzo:
«Irías a ser muda
Que Dios te dio esos ojos».

Aunque no se había mirado en ellos
Se acercó a los esteros
Listo para
Olfatear
Ese amor
Único
Sutil
Que por instantes vio
Como el más poderoso de la tierra.
Repetía sin ton ni son
Hermosos fragmentos
Del Cantar de los cantares:
«Yo dormía
Pero mi amor velaba».

Quiso invocar
Lo que San Juan
Dijo a su Dios
En la noche oscura
Y repitió un heptasílabo
Que su intuición espiritual
Comprendió con sencillez:
«Dar a la caza alcance».

Animado en seguir
Apuntó la zona exacta
Que sostenía su deseo.
Aquel torso frente al río
Se mecía
Con elegante lentitud.

Sentía ya la elevación
De los disparos
Sangre
La alteración
De los opuestos
–Pensó–
Pero no supo lo que dijo.

Al ver el rostro
De su presa
Repetido por el río
Cayó en silencio.

Giró al sentir el roce
De una sombra.

La albina
Sonrió
Mostrando
El único diente
Que colgaba de su encía.

La mañana del día siguiente
Don Juan
Fue visto
En una banca del parque
Dormitando
Con un libro de Esopo
Entre las manos.

(1992)

LOT EN SU TERCERA VUELTA

Quiero darte mi versión
frente al pedestal salado del recuerdo.
Por la noche, antes de saberte inmóvil,
un escribano se acercó a tatuarme una leyenda.
¿Alguna vez conociste, amada mía,
el lamento de un sonámbulo?
Ahora que puedes escucharme, tú, la mujer nevada,
quisiera darte mi voz.
El letargo era mío, Goral,
pero la hipnosis del recuerdo se prendió de tu silueta.

Esa noche, las hijas me embriagaron
con el recuerdo de la sal hasta vencerme.
Vuelvo a enamorarte.

No pongas atención a la lira
ni veas al cazador que trae linces
para ofrecerte un sacrificio.
Tus hijas rondan con la promesa del elíxir.
Recuerda. Soy Lot y tengo miedo.

Dignifícame en tu sueño.
No es para otra cosa: es para hacerte una promesa.
¿Recuerdas el arca en que partimos
para inventar la ruta
por la que otros habían viajado?

No vengo a molestarte.
Hay un gusto a sal que me retiene.

Llevo en mi palabra la vigilia
para que tu nombre, Goral,
mujer de Lot, mujer destino,
vuelva a escucharse entre los vivos.

(1988)

LA ANUNCIACIÓN

(FRAGMENTO)

Quise conocer la exultación de su carne. Por ella cubrí mis caderas con sedas de oriente, fortalecí mi cuerpo, rodé mi vida en torno de su gracia.
Por ella aprendí a rezar.

Quise sus ojos, depravarme en sus cuidados, sacrificarle carneros.
Y le agradaron mis costumbres: bebió de mi mano, se ocultó tras mis zarzales, durmió bajo el castaño de mi casa y una noche se posó en mi borrador.
Trazó unos signos, me mostró el camino que conduce a la muralla y al dibujar sobre el papel una ciudad se perdió en las líneas como un perro imaginario.

(1996)

SON PARA EL VACÍO

Un hombre o una mujer
son para el vacío, lumbre.

«Cada uno para sí y el diablo para todos».
Así cantaba mi padre junto a Robert Frost.

Iba a la cocina
a lavarse en la sangre del cordero.

No era brujo ni gitano.
Sencillamente estaba muerto.

(1996)

DISPERSIÓN

Me arranco esta bata persa
y los pétalos de loto
vuelan por el cuarto.
No quiero reflexionar sobre este hecho.

Sin embargo, los colores caídos,
mi cuerpo desnudo,
tiritando,
me recuerdan la dispersión.

Las estrellas
pican de anís la noche oscura.
Me miro diluida en el vacío de Dios
y no en tus brazos.

(1996)

TIRESIAS

Si viniese ella con una rama de tamariz en la mano
y tomase a mi amado entre sus hojas y a mí con su dulzura,
si en su hondura bebiésemos del vaso
mitad-esposos-mitad-desconocidos,
si tu serpiente, Tiresias, se juntase
y mi sexo fuese desplegando crecimiento,
si mi amado amamantase a la hermosa concubina
y yo entre los muslos apretara
semillas de arroz para los nuevos desposados,
dime, Tiresias, ¿quién gozaría más
en esta prueba de ser en el otro la mitad-tajada?

(1996)

LOS SERES FLOTANTES

¿Cómo sería una vida en la superficie? ¿Feliz?
¿Y habría que despreciarla sólo por eso?
Quizá haya mucho más en la superficie,
quizá todo lo que no es superficie sea falso.
(Elías Canetti)

Me propongo, amado, ser para ti la superficie
ser para tus ojos sólo cuerpo
ser para tu lengua sólo ritmo
ser información para tu red.

Me propongo amado,
ser para la noche, hoguera
y en abril como la orquídea
bajar el tren de aterrizaje
para que el peso exacto de sus alas
te guarde siempre
en el adentro de mi afuera.

Sé que las flores se abren
y yo me abro *con menos perfección*
pues carezco de la simplicidad divina
de estar afuera solamente.

Me propongo, amado, ser para ti la superficie
ser una estación de paso
volver a cultivar el paraíso
sin árboles de ciencia

sólo orquídeas, dame orquídeas
(flores macho y flores hembra).

Me propongo, amado,
volver hacia la epístola
y amarte hasta que la hondura nos separe.

(1996)

DE AZUL ESTA CAMPANA

dime si donosa
marco el gong
suelto el clinc
pego el clanc
dame don
dame don
dame el don del viento
dime, Don
dime, Don
dime dónde pego
sube más / dobla más
tiñe-tañe más
¿por quién?

¡por fin oyen!
(doblan
dicen
rompen
rasgan)

¿por quién?
por ti
sólo por ti
se echan mis campanas a vuelo

Abuelo
déjame subir

¿oyes a los muertos?

hasta lo cierto es mentira
suelta el badajo, carajo
que se echen mis campanas a vuelo

por ti
sólo por ti
abro el clinc
sueno el clanc
vuelo al gong
es un concierto
con cierto donoso batir
abuelos en posición de faquir
(muertos)
oyen el din
marcan el don
saben por quién
conocen el quién
me explican si repican mis campanas

¿se oyen arriba?

despierta al azul
que se tiñan mis muertos
[del cielo
sentidos por el don del clinc
que los llama
que los finta
los inflama
los ampara
los envuelve en oídos de tinta

¿por quién sino
doblarían de azul estas campanas?

(2006)

POEMA EN LADINO. LA KAMEIA

Vi lo ke se guadra en el meoio del no.

La kameia ke pario a su kria kon tanta dulor ke envolverla en letches no keriya.
Patadikas le dava i se fuiya al burako de la luz akel onde todo briya tanto ke ensegueze la mirada. La vi iorar i emprimero me pensí ke era una mamzerá. Kon muzika ritual mosharon la desgaradura ke su kaveza eskuría. Un poko de solombra para sus oshos pedridos en el burako de luz. Iorava la kameia con lagrimas kaientes.
Con muzika de kuedra, vientos i aver liviano balsamos le dieron.
La letche le brotava sin hazinura. Kantos presiza la natura? Io vi lo ke se guadra en el meoio del no, en el meoio del si, en el meoio del «vamos, solombras enzenderemos»
Ke la muncha luz mos enzegueze a los kameios.

TERESA CALDERÓN

Teresa Calderón nació en La Serena, 30 de marzo de 1955. Titulada en la Universidad Católica de Chile, es Profesora de Literatura en distintas universidades y dirige talleres de autobiografía, poesía y cuento. Ha publicado los siguientes libros de poemas: *Causas perdidas* (1984), *Género femenino* (1989), *Imágenes rotas* (1995), un libro de cuentos, dos novelas, cuatro novelas para niños y dos antologías de poesía chilena. Está antologada y traducida a varios idiomas y asiste permanentemente a Congresos en distintas partes del mundo. Obtuvo el Premio El Mercurio, 1998, el Premio Pablo Neruda en 1992 y el Premio Consejo del Libro a la mejor novela editada en 2003. Además ha obtenido varias becas de creación literaria.

PARA QUE MAÑANA TE CUENTE OTRO

Algo así como un fantasma
gesticula al otro lado de lo cierto.
Cuco, Gitano, Hombre del Saco:
no llores duérmete niño no grites
quita el pelo del plato los codos
de la mesa y saluda carajo
a las visitas.

El tiempo retuerce la mirada:
no fume argumente hable más bajo
no critique tal vez vuelva mañana
no descuide el corte de pelo
la hora de llegada

que la vida no es más seria
de lo que usted la toma

Sólo es otra cosa simplemente.

MONOPOLIO

Miré hasta el fondo de tus ojos,
hasta el fondo verde de tus ojos miré,
hasta el fondo verde de tus ojos verdes.

Y tan hondo en tus ojos fui
que ya no sé qué miro
cuando me miras.

BODAS

Hasta que la muerte nos separe.
Y cómo brillaba
en su mano
el puñal.

(De *Causas Perdidas*)

SER MUJER

Terminé como reo sabía que quería terminar.
Me derroté a mí misma y obtuve la única victoria.
A fuerza de costalazos me hice hombre.

PASADO

1

Miras, padre, el pasado muerto.
Ya no hay llantos de niños que te invadan.
Pero vuelves a oscuras bajo la lluvia
por las fisuras de la memoria te internas
hacia la vieja casa de la provincia.

Inclinado ante el último espejo
de pronto descubres
que somos tan solos, Dios mío,
y tan oscuros por dentro.

2

Miré la puerta:
vacíos respondieron los zapatos.
La noche puso anclas
en las quietas cuencas de los ojos.
Indagando por el polvo acumulado en las pestañas
supe qué quisieron decir con el silencio.

Miré otra vez la puerta:
el pasado es una grieta irreversible.

El tiempo ya forjó su telaraña.

ESTRATEGIA

Mujer que arranca del marido sirve para otra guerra.

CELOS QUE MATAN PERO NO TANTO

Hombres de mala ley, animales de mierda
que no son capaces de hacer nada que no sean desgracias.
(García Márquez)

1

Ya había visto sus ojos en los tuyos
que no me miran que se mueren por verla.

2

Era un desliz definitivo.
Desde un bolsillo de secretos
un nombre de mujer
tu letra un número
la prueba final en la estructura mítica del héroe
–consultar Villegas, Juan– desde el bolsillo
esa mujer
ese cuerpo de tus delitos.

3

Mañana marcaré ese número.
Repetiré la operación hasta dar con esa palomita.
Pienso decirle menos cosas de las que pienso.
Pero a ti, te lo advierto
nos encontraremos los tres y sean cuales fueren los resultados
te lo prometo
aquí va a haber un muerto
habrás un muerto en la familia
querido mío.

4

Como ves
o como no ves
estoy pendiente de ti.
Estoy el colmo de ti.

5

He aguzado el olfato
para husmearla mejor en tus camisas
en los jardines de tu pecho.
Si captaras la sutileza de mi oído
qué magnífico espectáculo
pegado a las puertas
el ojo a las cerraduras
como el náufrago a su tabla
y todo el océano para él solo.

6

Todos mis sentidos alerta pueden reconocerte
a una distancia de metros
bajo una niebla de película
en pleno centro de Santiago
a las doce del día en medio de la gente, animal.
Todos mis sentidos alerta.
Dije todos menos el sentido del humor.

7

Cuídate de mí, maldito, porque te amo.

8

Más vale que te cuides.
Tú sabes una caída en la ducha
esas son caídas fatales me entiendes
un remedio de más o equivocado te fijas
un accidente casero cualquiera tiene en la vida
arreglabas un enchufe y ¡oh, sorpresa, Fiat Lux! me comprendes
o el cuchillo de cocina guardado adentro de la cama
o el gas lento pero seguro no olvidemos.
Por eso, cuídate mejor que te encuentre confesado
oleado sacramentado y todo si te descubro amadísimo héroe.

9

Te acaricio te araño con táctica felina
porque estás mintiéndome
porque te juro lo sé todo
aunque no digas ni pío.

10

Tardaría la noche entera enumerando
los espantos que te haría
si se confirman mis –según tu miserable opinión–
infundadas sospechas.
No tienes idea la de horrores que soy capaz
mi vida
la infinidad de maleficios que prepararía en la cocina
hasta dar con esa pócima
que te pusiera fuera de combate.

11

En esta guerra sangrienta
las matemáticas están claramente de tu parte
yo soy una y una no es ninguna.
Ante una ventaja así no cabría más
que deponer esas armas con las que no cuento
y saludarlos con mis mejores deseos:
que sean tremendamente infelices que se pudran.
Quiero que reciban periódicamente
a la cigüeña cargada de imbunches
que no falten al himeneo las reinas de la muerte,
las parcas de infalibles tijeras
¡Oh, Mnémesis
diosa fantástica de la venganza!

MUJERES DEL MUNDO: UNÍOS

Arriba mujeres del mundo
la buena niña y la niña buena para el leseo,
las hermanitas de los pobres y amiguitas de los ricos
la galla chora y la mosca muerta
la galla hueca y la medio pollo
la cabra lesa y la cabra chica metida a grande
canchera la cabra y la que volvió al redil

la que se echa una canita al aire

la que cayó en cana o al litro y la caída del catre

las penélopes mata haris y juanas de arco,
la que tiene las hechas y las sospechas
la que se mete a monja o en camisa de once varas

la mina loca la mina rica pedazo de mina

la que no tenga ni perro que le ladre
y la que «tenga un bacán que la acamele».

Arriba mujeres del mundo
la comadre que saca los choros del canasto los pies del plato
y las castañas con la mano del gato
las damas de blanco azul y rojo
las de morado las damas juanas y damiselas
todas las damas y las nunca tanto

la liviana de cascos y la pesada de sangre
la tonta que se pasó de viva y la tonta morales
la que se hace la tonta si le conviene

la que no sabe nada de nada
y ésa que se las sabe por libro.

La madre del año arriba,
madre hay una sola
y las que se salieron de madre.

Arriba mujeres del mundo:
la cabra que canta pidiendo limosna
la que como le cantan baila
y la que no cantó ni en la parrilla.

Arriba todas las que tengan vela en este entierro
la que pasa la lista y la que se pasa de lista
la aparecida y la desaparecida
la que se ríe en la fila y la que ríe último ríe mejor:

la natasha la eliana la pía
la paz la anamaría la lila
la angelina y la cristina
la que anda revolviendo el gallinero
la que pasa pellejerías y la que no arriesga el pellejo
la dejada por el tren o por la mano de Dios.

Que se alcen las mujeres con valor
las pierdeteuna y la que se las ha perdido todas
la percanta que se pasa para la punta
la que nadie lleva ni de apunte
y esa que apuntan con los fusiles.

(De *Género Femenino*)

&

La vida: el gran laboratorio de la muerte plagado de tristes ratas.

&

Abrían sus fauces los camiones de la tarde.

Todo se lo tragaban. La lozanía de la fruta participando del misterio y de la muerte.

Convincente la escoba barriendo la piel los huesos tatuados por el pavimento y tendones estallando y cartílagos sangrientos y briznas de pasto y ramas secas recolectadas en la caída.

El más grande de los desperdicios mi pobre basura biodegradable entrando en la ambulancia.

&

Podríamos considerar a la hora de los descargos el temblor matutino la náusea el desconsuelo abriendo sus brazos cada día la prepotencia urgente del deseo.

&

Desde los ojos poblados de presagios sólo existe la ventana abierta engañosa como un cuadro de Magritte.

&

Esta no es una pipa

Este no es un hombre
Esta no es una ventana abierta
por donde cae el hombre de la pipa
Esta no es forma de morir
Esta no debiera ser la vida.

&

¿Cielo?
¿Infierno?
¿A qué estado de nada
a qué mazmorras
irán a dar los espantados
los muertos de miedo
los que tienen perdida la fe
los atorados con el trago amargo
de sus propios pasos perdidos
los aterrados de la vida por delante
los jóvenes poetas aspirantes
al suicidio?

&

¿Qué mensaje oculto traía escrito la botella calibre 38 que no pude descifrar a tiempo

&

Salió cara la gracia de convertir el agua en vino.

&

Perdónalo, Señor, porque sabe perfectamente lo que hace.

&

En lugar de llorar junto al cuerpo derramado recuerdo a Humphrey Bogart en la ninguna película de su lecho de muerte enronquecido por el cáncer laríngeo el gángster más querido de Hollywood el matón adorable confesándose con Frank Sinatra lo único que va bien es mi cuenta bancaria. Para qué más.

&

Irás. Volverás. Nunca en la Guerra. Perecerás.

&

Tu aversión a la vida tiene tantas razones que ninguna razón conoce.

&

La vida privada es un asunto público.

&

Quién puede comprender este espectáculo si no es como la ofrenda de un cuerpo regresando a la tierra de donde nunca debió salir.

&

El suicidio
como dijo el actor
es una muerte
en defensa propia.

&

Teníamos
un
futuro
por
delante

Yo sólo veo huesos
y
carne
que
se
pudre.

&

La arbitrariedad del signo lingüístico
La arbitrariedad de la muerte
A qué sistema de signos
debo acudir para el consuelo.

&

La vida es cruel y es mucha.

(De *Imágenes Rotas*)

JAVIER LASARTE

JAVIER Lasarte Valcárcel nació en Caracas en 1955. Curso estudios de letras en Venezuela y España y ha sido profesor en la Universidad Simón Bolívar de Caracas. Ha publicado los siguientes libros de poesía: *Dime con quien amas* (1985), *Caída libre* (1990), *Nada personal* (1997) y *Verano* (2001). Entre sus trabajos críticos podemos destacar: *Bolívar en la poesía hispanoamericana* (1984) o *Pedro Henríquez Ureña: del ensayo crítico a la historia literaria* (1990). Como antólogo ha publicado dos espléndidas selecciones de la poesía venezolana: *Poesía venezolana. Antología* (1987) y *40 poetas se balancean. Poesía venezolana 1967-1990* (1991 y 1994).

EL PACTO

He visto al diablo en persona
No me ha ofrecido riquezas
ni el amor de una joven
No hiede su cuerpo
Se aburre como una señorita
Su vida es un desierto
Se deprime
No quiere pensar más
Juega atari

Araña mi garganta y se aferra
Habita mi pecho
Quiero que venda su alma
pero él se resiste
me jura una y mil veces que es mi padre
que lo mire a la cara
que por piedad no lo abandone.

COPLAS BLANCAS DEL PESCADOR ATENTO

Ven, hijo, asómate a la orilla,
Mira las aguas del lago.
Aunque sucias y revueltas,
esconden tesoros.

Acércate a este remanso
donde no llega el viento
y el día es más largo.
Allí se refleja la vida.

Si ves con atención,
descubrirás toda suerte
de bagres, peces sapo, rayas,
conchas de fruta, botellas de cerveza.

Pero si aguardas paciente,
descubrirás en él la imagen
rosada y amarilla
de un pargo.

Lo verás desconcertado,
lejos de su habitat natural:
desorbitados los ojos,
sus agallas latiendo con desesperación.

Sólo entonces
toma tu anzuelo,
coloca en él la mínima carnada
y arrójalo al agua.

Al instante, el pargo,
en la creencia
de que es su salvación,
morderá con furia.

Sácalo de las aguas y no pierdas detalle.
Toma un palo y dale duro,
como a Vallejo,
hasta que muera.

Arrójalo de inmediato a las brasas,
ten la mesa dispuesta
y disfruta del manjar
pausadamente.

Ejercítate en el acto
de la pesca del pargo
cuantas veces puedas.
Halla en él placer.

Hazlo antes de que empieces
a ver bagres a tu alrededor
y sientas que tu respiración
se acelera bruscamente, hijo mío.

CONSEJA DEL ESCRIBA AL HIJO ILEGÍTIMO DE ALFONSO

Aun si vivieses en una populosa ciudad del XIX
cuando llegues a la mitad de tu vida
cuida de haber observado los siguientes preceptos:

bebe cuando estés alegre
pierde el juicio
refocílate en los cuerpos carnosos y duros
/de nuestras vaqueras
engendra en ellas cuantas veces puedas
haz lo que gustes aun si no parece razonable
aleja tus pasos del poder y de la ley
entona dulces cantigas
sé feliz en la pobreza
no dejes que en tu casa falte el pan
ni la incertidumbre
entrégate sin reservas a la pasión
(en ella encontrarás el camino que conduce a
la verdad, la justicia o la belleza)
cuida de haber hecho tantos enemigos
como amigos probos
ello será la mejor muestra
de que la senda que has tomado
es la correcta.

(Ojalá querido Enrique nunca llegues a saber que
muy distinta ha sido la instrucción que el rey
me ha encomendado en el caso de Alfonso, tu
hermano bienamado, legítimo heredero del reino
de Castilla, a quien nunca volverás a ver,
por orden expresa de tu padre)

(De *Caída libre*)

EL EQUILIBRISTA

He tendido una cuerda
que atraviesa la ciudad
de monte a monte

Vivo
vibro
en ella

El viento sopla
mas no hace frío

El tiempo pasa

Diariamente
sobre la barra de equilibrio
se posa una paloma

Mira inexpresiva
nerviosa
y antes de emprender vuelo
caga

una

dos

tres veces

(igual de inexpresiva
pero menos nerviosa)

He cumplido un mes
ajeno a la estulticia

Admiro aburrido la montaña
el inútil pasaje de los astros
el rumor lejano y soso del mar

No hay qué temer
soy parte del paisaje

Aunque el record de permanencia en el aire
es sólo mío
después de cuatro meses nadie se ocupa de mí

Dejé de ser noticia

Los pilotos de las avionetas
no saludan como antes

CONSEJOS DOMÉSTICOS

La ropa es el primer roce del mundo sobre tu piel
Por eso es importante que hayas usado suavizante
y un toque de perfume en el lavado

Sobre las sábanas reposará tu cuerpo
Antes de guardarlas en el closet
repasa con tu mano la superficie de cada doblez
para que se vayan habituando a tu contacto
y luzcan impecables al tenderlas.

Busca en el mercado las verduras en mejor estado
las carnes de amables tersuras y colores más nítidos
de músulos suculentos y carne fresca
las frutas en su punto
(no te fíes del brillo
casi siempre es el barniz de los insecticidas)

Asegúrate de dar con especias naturales
–estragón orégano laurel romero pimienta–
pues son capaces de producir insospechadamente
más de un momento de voraz felicidad

Háblale a las plantas
Aprende a darles la ración justa de agua y vitaminas
Repasa cada una de sus hojas con un paño húmedo
No olvies, hija, que ellas, como tú, son puentes
tendidos a la naturaleza entre tanto monóxido

Si puedes pagas por planchar, hazlo

Ofrenda tu tiempo a la limpieza
Al barrer repasa bien rincones, techos y entresijos
La cocina es el altar
(bichos, grasas, restos de alimentos, pueden ser tu fin)

A la hora de fregar el piso
coloca suficiente cantidad de desinfectante con olor a limón
Sé enérgica en el frote
(es un buen ejercicio para los brazos, las piernas y los glúteos)

Que salga por tus manos
todo el resto de amor que te quede

MI CALLE

6.000 personas de las más variadas clases medias
viven en mi calle
y diariamente
en días de trabajo
visitantes o transeúntes duplican o triplican
esa cifra

Por eso mi calle es bulliciosa

Mi calle se llama B
Su nombre es feo
Pero en realidad no necesita otro

La circundan cientos de fábricas
Y miles de comercios
(Tal vez por eso pasa tanta gente
por mi calle)

En mi calle no hay casas
Sólo edificios de 14 o 20 pisos
(muchos de ellos se topan
mudamente
ni el aire los separa
Así es como nace el eco de mi calle)

Un amigo dice
Que no ha otra calle igual en la ciudad
Y yo le creo
(Otros la miran con cierta repugnancia
pero ese es su problema)

En diciembre carnavales
Finales de béisbol mundiales de fútbol
Intentos de golpe militar o cumpleaños
Mi calle es una algarabía

Tal vez por eso
Nos tildan de salvajes

En mi calle hay
Borrachos nocturnos y diurnos
Empleados de banco militares
Retirados traficantes
Poetas rateros mecánicos
Roqueros fotógrafos gerentes
Fruteros ambulantes
Todos se conocen y saludan
Todos se odian

Pero sobre todo en mi calle
abundan las mujeres
que están como les da la gana
Por eso me gusta tanto
caminar por mi calle
bajo cualquier pretexto
Mirar sentir la vida
En su más perfecto movimiento

En mi calle hay desacato
Silencios profundos sobresaltos
bochinches amarguras
música los martes
hasta las tres de la mañana
(últimamente escasean los disparos)

Mi calle es radical
Suicida

Mi calle es una mierda

Mi calle es mi casa sin paredes
(aunque paredes hay de sobra)

Así sea uno o más entre vecinos
mi calle es mi reino

En cierta forma soy mi calle
pero ella es otra cosa

He aprendido a quererla con el tiempo
Si estoy lejos
pienso en ella y la extraño
como a mis propios hijos

Mi calle me deprime
me enfebrece
me vuelve cursi

Sin que lo sepa
sin esperar nada
Soy su amante

(De *Nada Personal*)

A veces una casa
un cuerpo tropieza con nosotros
nos besa
y a veces nos dejamos besar
y seguimos el camino de esa boca
que sabemos ajena

Casi nunca
sólo a veces
una casa que contiene su ruina
un cuerpo que muestra su sutura
nos abrasa
y casi nunca sólo a veces
ardemos

Se reduce entonces todo
al frágil cimiento que se yergue
el crepitar del músculo
la imposible consistencia del verano

–Cualquiera llora
al ver cómo los restos temblorosos de Mohamed Alí
encienden la llama olímpica
en el pebetero del Stadium de Atlanta

Cualquiera se estremece ante los actos del mal:
los muertos de Burundy los de Bosnia el cuerpo irreconocible
mutilado de una secretaria por causa de amor no
correspondido
el niño de tres años alcanzado al azar por una bala en el pecho

Cualquiera ve incrédulo y feliz
cómo un elefante emprende su despegue de una pista del JFK
y vuela grácil
con la misma potencia irrefrenable de un 747

Nunca nadie sabrá
lo que eres capaz de hacer
conmigo

–Habito un pantano
Mi piel es una costra que no me pertenece
El tiempo ha tejido
sobre el fuego de mis ojos
su pátina de limo

Cada cierto tiempo me alejo por las noches
en busca de las aguas claras y fluidas de algún río
A veces me dejo llevar por su corriente
a la espera del mar

Me conducen sus rápidos hacia sordas cascadas
me abandonan en la orilla de algún otro pantano
que me sé de memoria

Si alcanzara el mar
sus aguas no lavarían mi cuerpo
porque ya no lo tengo

Bajo el cielo de su noche
vería entre una y otra
y otra
y otra ola
la imagen de tu sexo

Eliges una zona cualquiera
de piel viva

Introduces en ella
lentamente
un filamento agudo
(una aguja por ejemplo)
hasta que brote
una primera gota
púrpura

Separados por uno o dos centímetros
atraviesas con alfileres
tres o cuatro bastan
una delgada base de madera
Fijas la base a una mesa
o cualquier superficie
que sirva de soporte

Tomas tu antebrazo
y lo encajas en los alfileres
Empiezas a moverlo suavemente
hacia abajo y hacia arriba
una y otra vez
hasta que no puedas más

Repites el ejercicio
a intervalos variables

Los fisiatras llaman a esto
una prueba de fuerza

Otros
amor

Lo que hace al amor
diferente de todo
es lo que hace al amor
imposible del todo

FABIO MORÁBITO

FABIO Morábito (1955) es autor de tres libros de poesía: *Lotes baldíos* (1985), que ganó el premio Carlos Pellicer en ese mismo año, *De lunes todo el año* (1992), que ganó el premio Aguascalientes en 1991, y *Alguien de lava* (2002). Ha escrito tres libros de cuentos, *La lenta furia* (1989, 2002), *La vida ordenada* (2000), y *Grieta de fatiga* (2006), todos editados por Tusquets, así como dos libros de prosas, *Caja de herramientas* (1989) y *También Berlín se olvida* (2004). Ha publicado una breve novela para niños, *Cuando las panteras no eran negras* (1996) y es autor de un libro de ensayos, *Los pastores sin ovejas* (1995). Ha traducido la poesía completa de Eugenio Montale, que se publicará en 2006, y el *Aminta* de Torquato Tasso (2001). Ha residido largas temporadas en el extranjero, la última vez en Berlín. Varios de sus libros han sido traducidos al alemán, al inglés, al francés, al portugués y al italiano.

MUDANZA

A fuerza de mudarme
he aprendido a no pegar
los muebles a los muros,
a no clavar muy hondo,
a atornillar sólo lo justo.
He aprendido a respetar las huellas
de los viejos inquilinos:
un clavo, una moldura,
una pequeña ménsula,
que dejo en su lugar
aunque me estorben.
Algunas manchas las heredo
sin limpiarlas,
entro en la nueva casa
tratando de entender,
es más,
viendo por dónde habré de irme.
Dejo que la mudanza
se disuelva como una fiebre,
como una costra que se cae,
no quiero hacer ruido.
Porque los viejos inquilinos
nunca mueren.
Cuando nos vamos,
cuando dejamos otra vez
los muros como los tuvimos,
siempre queda algún clavo de ellos
en un rincón
o un estropicio
que no supimos resolver.

LOS COLUMPIOS

Los columpios no son noticia,
son simples como un hueso
o como un horizonte,
funcionan con un cuerpo
y su manutención estriba
en una mano de pintura
cada tanto,
cada generación los pinta
de un color distinto
(para realzar su infancia)
pero los deja como son,
no se investigan nuevas formas
de columpios,
no hay competencias de columpios,
no se dan clases de columpio,
nadie se roba los columpios,
la radio no transmite rechinidos
de columpios,
cada generación los pinta
de un color distinto
para acordarse de ellos,
ellos que inician a los niños
en los paréntesis,
en la melancolía,
en la inutilidad de los esfuerzos
para ser distintos,
donde los niños queman
sus reservas de imposible,
sus últimas metamorfosis,
hasta que un día, sin una gota
de humedad, se bajan

del columpio
hacia sí mismos,
hacia su nombre propio
y verdadero, hacia
su muerte todavía lejana.

CORTEZA

De niño me gustaba
desprenderla,
limpiar el tronco,
dejar al descubierto
la verde urgencia
de otra capa,
sentir abajo
de los dedos
la rectitud del árbol,
sentirlo atareado
allá en lo alto,
en otro mundo,
indiferente a mis mordiscos,
capaz de sostenerse
sin corteza,
capaz de reponerse
de cualquier ofensa.

(De *De lunes todo el año*)

Para que se fuera la mosca
abrí los vidrios
y continué escribiendo.
Era una mosca chica,
no hacía ruido,
no me estorbaba en lo más mínimo,
pero tal vez empezaría
a zumbar.
Un aire frío,
suave,
entró en el cuarto;
no me estorbaba en lo más mínimo,
pero no se llevaba
con mis versos.
Cambié mis versos,
los hice menos melodiosos,
quité los puntos,
los materiales de sostén,
las costras adheridas.
Miré la mosca adolescente y gris,
sin experiencia;
no se movía del mismo punto,
tal vez
buscaba entrar en la corriente
de las moscas,
buscaba a su manera unas palabras mágicas.
Rompí mis versos,
a fuerza de quitarles costras
habían quedado ajenos.
Fui a la ventana,
por un momento
todo lo vi como una mosca,

el aire impracticable,
el mundo impracticable,
la espera de un resquicio,
de una blandura
y del valor
para atreverse.
Fuimos el mismo adolescente gris,
el mismo que no vuela.
¿Qué versos que calaran hondo
no venían,
de esos que nadie escribe,
que están escritos ya,
que inventan al poeta que los dice?
Porque los versos no se inventan,
los versos vienen y se forman
en el instante justo de quietud
que se consigue,
cuando se está a la escucha
como nunca.

No quiero, pese a todo,
muros gruesos,
tan gruesos que no oiga
el silencio de los otros,
hecho de algunas voces y ruidos
que se filtran por los muros,
avisos de la vida
que transcurre al lado,
abajo, arriba,
en contra mía;
quiero unos muros que me aislen
levemente,
contar con el silencio
que los otros tienen,
saber que es frágil,
que sin hacer ruido es como
estamos juntos
y estamos en contacto.
No quiero nada grueso
que me impida oír
que hay otros que desean de mí
que no haga ruido
y que a través de las paredes
que nos unen y dividen
escuchan mi silencio y lo agradecen.

Mi padre siempre trabajó en lo mismo.
Él tan voluble,
que entró y salió de tantas compañías,
toda la vida trabajó en el plástico,
tal vez porque nació donde no había montañas,
en un país que no era el suyo,
y lo sedujo una materia así,
desmemoriada de su origen,
que sabe regresar a su contorno
como el cuerpo
y que se saca de lo más profundo: del petróleo,
donde se borran los países.
Porque mi padre aprecia,
en las personas y las cosas,
que sean flexibles.
Ajeno a las verdades que se empinan
y a los esfuerzos y rodeos
con que la savia aprende su camino,
poco proclive a la madera y a los credos,
a todo lo que pierde humor
y gana arrugas,
nació en la orilla de un desierto
donde la falta de relieves disuadía
de concienzudas búsquedas del alma.
Tal vez por eso lo sedujo el plástico,
que viene de lo más profundo,
del último escalón del mundo
que alcanzamos,
de donde sube el sueño de una vida
adolescente y mágica,
irrompible,

sin esos nudos que en la superficie
delatan un penoso crecimiento.
Lo que nos viene
de lo más profundo,
nos viene como un soplo
o como un sueño,
y a los que me inquirían
sobre qué hacía mi padre,
toda la vida contesté:
trabaja en materiales plásticos,
como una fórmula esotérica.
¿Toda la vida yo también
trabajaré en lo mismo,
en la escritura,
en la palabra plástica y no rígida,
que es la palabra que se saca de lo más profundo?
¿De qué petróleo íntimo
nos salen las palabras que escribimos
y a qué profundidad
brota el estilo sin esfuerzo?
¿Qué tan al fondo
están las gotas de lenguaje
que nos curan
y nos redimen de la superficie
hablada?
Voluble como él, nacido
donde le tocó nacer,
busco lo mismo: una lisura que no existe,
una materia fácil como un soplo,
algo que dicho y repetido no se arrugue
y vuelva exactamente a su contorno.

Miramos largamente el mar
después del pleito, sin hablarnos.
No la pasamos bien en Cádiz
esos dos días.
Sentí al decir que no quería
tener un hijo por ahora,
que había llegado a un punto divisorio.
Por vez primera fui muy claro.
Adiós ambigüedad,
me dije, bien precioso,
ya comenzó la cuenta regresiva.
Supe que existirías,
que era cuestión de tiempo.
Si iba a seguir con ella, claro.
Si iba a seguir contigo, en suma.
Y ella también,
después de arrinconarme
entre su ser y el mar, lo supo,
el mar que nos quedamos,
después del pleito,
mirando largamente sin hablarnos.
No la pasamos bien en Cádiz
esos dos días.
Ve alguna vez a Cádiz
junto al mar, sin nadie,
y mira el mar como nosotros lo miramos
y fúmate un cigarro, absorto, y piensa
que estás donde empezaste.

Los árboles no son de madera
y no tocamos madera cuando tocamos un árbol.
Un árbol,
cuando ha exprimido el canto de sus ramas,
se recuesta en su tumba de madera,
toca madera y deja de ser árbol.
La madera de una silla no es madera muerta
y los árboles no son madera viva;
los árboles son árboles
y la madera es madera,
y los árboles muertos
son madera de pie,
madera con ramas y pájaros,
y no se sabe si los pájaros
los toman como árboles
o como lo que son: sillas silvestres,
madera para descansar que anhela que la quemen.
Los árboles se mueren de madera,
y el fuego,
que compendia en un minuto años de pájaros,
años de hormigas por las ramas,
conoce sólo un idioma: la madera,
y no sabe nada de los árboles.

En el pasillo,
mientras leo,
se abre una puerta y se cierra,
se abre y se cierra,
y yo espero que se acabe su agonía.
Dicen que cuando el aire
abre y cierra una puerta,
alguien muy cerca está en peligro.
Hay que prestar oído,
cerrar el libro que leíamos
y unirnos a ese rezo;
no levantarnos a cerrar la puerta,
sino quedarnos quietos y oír, oír
hasta sacarle alguna música al crujido.

Quiero volver a mi materia,
quiero volver a lo que dije,
quiero cerrar la digresión,
poner el signo de paréntesis que falta
para cerrar el otro, que no encuentro,
quiero volver a la planicie verde.
O no lo encuentro porque no lo abrí,
ya estaba abierto
y todo lo que dije ha estado entre paréntesis,
y toda mi materia fue una digresión
y no hay planicie verde que me espera.

Yo también estuve en un coro,
en una voz sin grietas.
Jamás oí las voces
que debajo de esa voz
salían por una grieta, heridas.
Nunca aprendí la voz de cada rostro.
Desde que empezamos una sola voz
borró los rostros, las heridas.
Nuestro maestro sólo oía esa voz.
Pero sólo una voz herida es una voz audible.
No sé que oían los que nos oían.

Se elige el agua
que se quiere hervir,
se abre la llave y se observa.
Cuando aparece el agua que se busca,
se pone el recipiente abajo de la llave,
se llena al gusto,
después se lleva el agua a calentar,
se abre la llave de la estufa,
sale la llama y se observa
hasta que aparezca el fuego que se busca.

Tengo un perro invisible,
llevo un cuadrúpedo por dentro
que saco al parque
como los otros a sus perros.
Los otros perros,
cuando al doblarme
lo dejo en libertad
para que juegue y corra, lo persiguen,
sólo sus dueños no lo ven,
tal vez tampoco a mí me vean.
Se ha ido dando a fuerza de paseos,
anima e inquieta a la perrada
y entre los dueños cunde la inquietud
y llaman a sus perros
para que no se forme la jauría.
Tal vez tampoco a mí me vean,
sentado en una banca,
doblado un poco
por el esfuerzo de dejarlo libre,
y aunque no pueden verlo,
tal vez sí ven al perro
que invisible, como el mío,
llevan dentro,
la bestia que no sacan nunca,
el perro que reprimen
llevando de paseo a sus perros.

(De *Alguien de lava*)

JORGE FONDEBRIDER

JORGE Fondebrider nació en Buenos Aires en 1956. Poeta, ensayista, traductor y periodista cultural, colaboró con los principales diarios y revistas de Argentina. Entre 1986 y 1992 fue secretario de redacción de *Diario de Poesía*, cuyo consejo de dirección integró durante los primeros diez años de existencia de la revista. Desde el 2002 a la fecha coordinador de eventos y publicaciones del Centro Cultural Ricardo Rojas de la U.B.A.

Hasta la fecha, ha publicado los siguientes libros de poesía: *Elegías* (1983), *Imperio de la luna* (1987) y *Standards* (1993). Asimismo, publicó el volumen *Conversaciones con la poesía argentina* (1995), que reúne entrevistas con 29 poetas nacidos entre 1919 y 1940, y sendas antologías poéticas de Joaquín O. Giannuzzi (1988) y Juan Gelman (1994). Con Pablo Chacón publicó el ensayo *La paja en el ojo ajeno. El periodismo cultural en Argentina 1983-1998* (Buenos Aires, Colihue, 1998).

LAS PALABRAS

Picas españolas clavadas sobre Flandes,
bombas sobre Londres,
naves que se hundieron en un fulgor de espuma,
los ojos de una griega,
la toma de Damasco y ver el mar,
el sueño y la barbarie,
la luz en las estepas de los tártaros,
el humo de las pampas,
zarzas que arden,
la dama que murió sobre una barca buscando a Lanzarote
y un voluntario caído en el Jarama
son episodios que siempre repetimos
porque creemos dignos de contar.
Pero no sólo es trágico el destino por énfasis o sangre.
Cuando se vuelve competente por unas pocas horas,
incluso el que nos toca a veces nos sorprende,
aunque después de un tiempo, su referencia apenas
insista vanamente en las palabras que se escriben,
expuestas a un lento deterioro
ausente de piedad.

RUIDOS

Este no es un mundo plano de ficciones
donde alguien dice y otro escucha.
Hay ruido, mucho ruido,
alrededor hay mucho ruido y el viento que trabaja
para ocultar el cielo entre las ramas de los árboles del lago
donde apenas hay un plástico que flota,
y más allá, los patos que surcan el estanque
y que, sin ganas, se recortan sobre un telón de fondo con palmeras.
Entiendo que faltan los aviones.
También están los coches que cruzan la avenida
y la mujer de buzo azul y el viejo en pantalones con músculos
brillantes. Nada,
nada propone nada al paso de la tarde salvo yo
que me pregunto cómo se ven las cosas desde la orilla opuesta.
Las cañas desde el aire, ¿se ven como las veo desde aquí?
Los rostros y las fechas
por distracción borrados, por ilusión mentidos,
por omisión secretos y otras tardes,
y habrá seguramente otras
tardes de sol, tardes de invierno y acaso pensamientos
que ya no tengo más
porque no puedo evitar una marcada desconfianza
al ver que las palabras presentan lo que pasa
sujetas a una sola dimensión.

EPOPEYAS

Todo el día traduciendo
la historia de una guerra legendaria
que en realidad fue sólo un robo de gallinas
y la reacción brutal de reyes toscos
que la repetición transforma en héroes de epopeya.

A la noche, un amigo, que es poeta
me habla de un zaguero talentoso.
–Un jugador fantástico– me dice.
Fantástico no era.
Los bardos, exageran.

GUARDIA DE PEDIATRÍA DEL HOSPITAL ROTUNDA

Un hombre observa a una mujer por la ventana.
Cómo saber qué piensa esa mujer,
la sombra de mujer que sale de la guardia,
que cruza la calle y la recorre
con un rosario acaso crispándose en el puño.
El hombre, desvelado, no puede imaginarse el resto de la historia
porque no existe el peligro en el cuarto de ese hotel,
mientras de madrugada vela el sueño de su hija,
que no tose,
duerme bien, está abrigada.

DALKEY

Al ver el mar de Irlanda,
pensé que es mucho más el mar que en otras partes,
pensé que al sur no hay fin del mundo,
que al sur del sur el mundo sigue.
Al norte, en cambio, el cielo pesa.
Las nubes se desplazan hacia Islandia y barren las montañas
hasta quebrar las piedras de la foto que me tomaste ayer
cuando tenía algo que decir.
Hoy ya no sabría qué decir.

REGENT'S CANAL (A LA ALTURA DE DANBURY STREET)

De la tierra helada del invierno, apenas los contrastes:
las aguas verdes del canal a la deriva,
la lluvia inglesa y ese cuervo trepándose a la rama
como quien dice estoy,
yo soy de aquí
y tengo poco tiempo que perder con un extraño.

De esta ciudad de casas de ladrillo y lentas ceremonias,
el cuervo es otro dato de la tarde,
una constancia más que el hombre acepta
y suma a la barcaza, a la botella,
al tipo con su caña y sobretodo
pescando desde el borde
con gusanos que guarda en una caja de zapatos.

El extranjero entonces se aferra a ese canal
y busca detrás de las esclusas,
de los barcos dormidos hasta la primavera,
de pasos fantasmales que cruzan Noel Road
una costumbre que no tiene,
un modo de las cosas que no entiende.

RUGOSIDAD

El Rondo Poco Allegretto de las cuerdas de un sexteto de Brahms,
la lluvia en la ventana
y esa luz como de abismo
podrían ser otoño.
Pero entonces, ¿qué hacer con este día,
cargado de calores y noticias
de un mundo de agua mineral,
capaz de sumisión por créditos y cuotas?
Tener algún relieve, algún volumen
rugosidad para enfrentar los días planos y sin pausa,
la ausencia de quimeras y de endriagos.
Haber sobrevivido a la devastación de los últimos tres años
es más bien la causa personal de un yo sonoro,
posiblemente obtuso, algo porfiado.
Un yo que piensa en el final de la batalla,
buscando una bandera que exhibir.

VALPARAÍSO

No vine por la charla sobre el cielo,
por las piedras, el gusto del marisco,
la pura oscuridad de callejones donde perder la luz.
Más allá de la niebla, de los bares, los plátanos y puentes
existe una ficción con sus reflejos
más grande que la vida.
Decir en qué consiste es mera enunciación.

NOCHE DE JULIO

Primero el asteroide, una explosión nuclear, las huellas del iridio,
la desaparición masiva y misteriosa de los dinosaurios.
Alguien decía «todo vibra sobre el mundo,
incluso el mundo vibra, la luz...». Pero cambiaste.
Se vio una flor de aliso,
dos ácaros pastando como ovejas.
Se vio el final de Hamlet,
montañas y glaciares, y cebras y leopardos
y sombras fantasmales sobre el polo,
políticos y pausas, catástrofes y puentes.
Después, curiosamente,
las frases de Estragón en boca de un payaso. Y apagamos.
Nos fuimos a la cama.
A eso de la una, nos fuimos a la cama.
Pero antes de dormir
recuerdo que te vi reflejada en el espejo.
Leías a mi lado un libro que hablaba de las piedras.
Pensé en aquellas piedras frente al mar,
que vi una vez al borde de un estrecho,
dos piedras que hubieran sido dignas de un Homero y resistían,
como ahora, vos y yo
a la merced del tiempo.

EFECTOS COLATERALES DEL LIBERALISMO

Enciende un cigarrillo que fuma con violencia
como si así pudiera expiar la estupidez y el mal humor que le
[provoca el sueldo. Hablamos de un tercero.
Me dice que no es que sea un mal poeta,
pero nunca habla de cosas importantes.
Le pregunté qué cosas eran importantes.
¿Y yo qué sé? –protesta–. Lo que él escribe, no.
Apenas son migajas, mucho blanco, manierismos.

Adentro se prenden los tubos de neón.
Los dos miramos
y entonces hay un hueco, un poco de silencio.
Quiero saber si escribe:
Siempre escribo,
me pongo delante de la máquina y escribo,
y leo y me releo con vergüenza.
Ahora, por ejemplo, escribo sobre el mal.

Afuera está la calle. Después, la despedida.
Promesas incumplidas, el día de mañana, el colectivo.
Mientras las cosas se reflejan contra el vidrio y pasan, pienso
que es cierto que la épica ha sufrido con el tiempo,
que apenas queda el mal,
mirar alrededor, tener vergüenza,
optar por el silencio y a veces refugiarse en las imágenes
como una forma triste del destierro.

ROLLING STONE

La música, la pérfida ilusión de ser todos son iguales.
¿Será por eso que de un lado del estadio hay una luna
que escapa a los gritos de la gente?
Arrastra en su trayecto lo que queda
del día. Así, sin estridencias, ya se apropió del cielo
hace un momento azul. Pero ahora es negro,
con una luna esquiva. La gente, indiferente, quiere sangre,
pero después, el bife, la política, los precios.
La gente está de pie, aullando a las estrellas.

TESORERÍA

Darwin observa los pinzones.
Después, en Inglaterra, afianza su teoría
y Spenser la diluye.
Habrá entonces que esperar por más de un siglo
a que los genios locales se den cuenta
de que pagando un mes después
y un viernes por la tarde,
la plata de un cheque miserable
trabaja el sábado y domingo,
y la ganancia aumenta
a expensas del trabajo de los otros.

LA MULTITUD QUE ORINA

tan sólo el diminuto banquete de la araña
basta para romper el equilibrio de todo el cielo.
Federico García Lorca

El mundo quiere pensar en blanco y negro y subrayando;
saber que los mártires son mártires
porque se mueren en la selva cocidos por las balas o las flechas,
creer que hay solo un dios,
creer que hay dios, que el crimen siempre paga.
Así, los justos que padecen inspiran versos tristes
y acaso los merezcan.
El problema está en la multitud parada a las puertas del santuario,
la multitud que orina con aire compungido y satisfecho
que aprueba al dictador,
que en ciertas circunstancias justifica
incluso al asesino, la ternura
que siente por sus hijos el hombre que tortura,
la fe del millonario –su gusto por los clásicos–,
o a Mozart en el campo debajo de esos cielos
oscuros por las cámaras de gas.
¿Fracaso de la especie o cumplimiento
de una moral atroz que se acomoda a ciertas circunstancias?
La multitud que orina
da náuseas.

MENSAJES

A veces aparecen en la cinta las voces superpuestas del teléfono,
mensajes que importaron y que no importan más.
El otro día, por ejemplo, hubo la voz de un muerto,
que alguna vez vivió una vida y ahora es un error,
un sobresalto, un dato de la tarde,
la referencia apenas que quiebra la rutina.

LA EXTRAÑA TRAYECTORIA DE LA LUZ

Siempre fue llegar cuando era tarde
y preparar el bolso con perfume y espuma de afeitar.
Y siempre fue la espera, los pasos en la sala, al fin el timbre,
el médico y el aire de la noche,
seguir a la ambulancia con un taxi,
reclamar una admisión, firmar papeles,
cambiar información sentados en sillones,
sentados en un bar,
con los nervios crispados pero atentos,
dispuestos a aferrarnos de los signos,
la cáscara de algo.
Y nuevamente esperas. Recuerdo las esperas,
las sombras que crecían con las horas.
Y cada movimiento era una excusa
para cruzar miradas,
para perder el hilo de las cosas,
medir, por hacer algo, la extraña trayectoria de la luz,
la inmensa oscuridad del signo que buscamos y no llega.

96TH STREET

Había tres mujeres que esperaban
y un hombre, de espaldas, parado en el andén.
Giró por un instante y vi que usaba anteojos y muletas.
Un gesto de un dolor innecesario y breve
que duró apenas un segundo, y otra vez
había tres mujeres que esperaban
y un hombre, de espaldas, parado en el andén.

AVEDON

Acaso una mecánica en la lente y un ángulo de luz
le pongan alma a un cuerpo y luego borren,
mostrando algunas dudas o un rictus en la boca,
la sombra de abstracción sobre el papel
no rostros de famosos, composición o grupos, sino gente.
Vagando en un hospicio.
¿Adónde están ahora? ¿Vencidos y humillados?
¿Perdidos en piezas miserables?
¿O viven en suburbios con hierros y madera?
A lo mejor la luna se acerca a sus ventanas y a esas fotos,
las de mirar la luna sumido entre los sueños.

200 BERKELEY PLACE, PARK SLOPE, BROOKLYN

La tarde es muy oscura y hay una mancha azul e inexplicable
[debajo de la nieve.
Encima de la nieve los perros hacen pis.
Despejo la escalera y dejo que la pala golpee el pavimento
que suena destemplado como un tambor de piedra.
Los vecinos responden con sus palas y echan sal
parados en las sombras.
No hay diálogo posible.
No para de nevar.

FERRY A STATEN ISLAND

Azul es la ciudad y desde el río.
Es un comienzo algo pomposo pero cierto.
Así se presentó: predicativo, verbo, sujeto, complemento
sin hablar de las gaviotas. Saben
que el viaje es breve,
que cuentan con el viento y los turistas.
Pájaros –pensé– profesionales,
saben a popa qué hay que hacer.
Están buscando, dijo alguien,
la espuma en que naufragan las ideas,
la pasión que se ha vertido en esas cloacas,
el corazón más escondido que acaso abriga el mar
donde también tiramos cosas desde el barco.

CERTEZAS I

Después de varios días,
al tomate le sale una corona de inmundicia.
Las ballenas emigran hacia el norte.
Espera el cocodrilo hundido entre las cañas.
Los cactos del desierto florecen cuando llueve.
El berro siempre crece al lado de las zanjas. Cede el lodo
y arrastra a la montaña, con piedras y con palos, cuesta abajo
los restos del naufragio yacen muertos
perdidos en el fondo de mares solitarios. La madera
se pudre. Y en la nieve
hay un conejo blanco al que persigue un puma.
Ambos corren en silencio. Saben
qué hace cada uno en ese drama:
seguir, acelerar, cambiar de dirección,
quién estira la zarpa,
a quién se le quiebra el espinazo.
Todos saben qué hay que hacer.
Yo, no.

SUEÑOS

Por la noche los sueños van más lejos
de lo que alguna vez haya traído la vigilia,
porque hay yunques y hay caballos
y Júpiter que engendra a los titanes,
y hay hordas de jinetes en la estepa
y espadas sumergidas en los ríos
que corren hacia el mar de las tormentas,
petreles y gaviotas.

La noche es siempre así, siempre exagera
y cruje bajo el óxido del sueño, pero después se olvida.
Y si no habló dormido,
si en medio de la noche no pudo escucharlo su mujer,
lo que soñó está muerto
y apenas vuelve al mundo,
con una vida exactamente igual a la de todos,
como en el cuento de Saroyan.

TRABAJO DE POETA

No estoy seguro de las razones que me llevan a pensar
en la lluvia que había detrás de la ventana.
Tenía en brazos a mi hija, que había empezado a hablar, y dijo
[«taxi»
cuando efectivamente pasó un taxi por la calle.
Según Borges, afecto al idealismo y admirador del Buda, las palabras
del Veda o el silencio ocupan los eclipses de los ciclos
que dividen a la historia universal.
Son arquetipos, sirven
para crear las cosas.
Pero lo nuestro fue distinto, más simple y muy banal. Pasó una
[tarde,
del otro lado de la lluvia. Sin testigos
las cosas empezaron a existir.

COMIDA

Recorre el vidrio con el dedo.
Del otro lado, apenas sumergido, hay un pichón de yacaré.
Ella sigue tercamente el recorrido que él le traza.
No duda y me sonríe. Pero veo
que de la boca de otro bicho, en un rincón oscuro del acuario,
asoma una cola de ratón.
Allá estaba mi hija, que no sabe,
tal vez no haya remedio.

UN ADIÓS

Decir lo que no importa y una mirada oblicua y subjetiva
puede servir un tiempo.
Esa actitud no impide, sin embargo,
saber que hay luz en las montañas cuando el sol
decide qué torrentes, qué verde el de las hojas,
qué escama del salmón brillando un día
se graban para siempre y más allá
de toda la retórica en la mente
y luego es la memoria siguiendo una rutina
como las tardes huecas con lentos reverberos.
Si hubiera una razón para seguir, acaso la sabría.

KYRA GALVÁN

Kyra Galván nació en México en 1956. Hasta el momento ha publicado los siguientes libros de poemas: *Un pequeño moretón en la piel de nadie* (1980), *Un tren de luz* (1982), *Alabanza escribo* (1989), *Netzahualcoyot recorre las islas* (1996), entre otros. Ha sido incluida en distintas antologías y traducida a varios idiomas.

AJEDREZ

A mi hermano David, in memoriam

Hay un partido de ajedrez que está en juego.
Como todos los que se llevan a cabo
durante el tiempo de los hombres.
Los dos colores adversarios se duelen
de su obligatoria soledad
porque en el odio más profundo de la batalla
se esconde el infinito arreglo de soluciones
que lleva a la única combinación final.
Y entre las corrientes levantadas por el blanco y el negro,
me debato en las imprecisiones de la oscuridad
que me han tocado vivir, trocando mi ser en el caballo,
a veces brioso, a veces calmo,
y la torre, erguida en su mudez y su estoicismo.
He dado vueltas en ele alrededor de un eje oxidado
y he caminado directa al desastre
y no sé todavía en cuántos cuadros blancos y negros tendré que
[hundirme
hasta saber que tu partida será un nuevo comienzo
con otro sol que no es el nuestro
y tú, David, amanecerás ahíto de luz y renovado,
en un baile de máscaras en la Venecia Barroca
con un luciente traje de fino damasco
y reirás, con una risa limpia, libre esta vez, del dolor.
Y entonces podrás mirarte al espejo, entero y luminoso,
olvidando la envoltura desgastada, la capa luída.
Para mí, el infierno se presenta como el cuadro inmenso
de un tablero en el que tú y yo, peleamos nuestro juego
en líneas paralelas y por lo tanto, inalcanzables.

David, hay un dios que no conozco
que mueve la mano de tu partida.
Y no pude detener su mano ni el Jaque Mate.

CABALLO DE TROYA

El majestuoso caballo de madera
aguarda junto a las murallas de Troya,
impávido ante su destino.
El orgullo ancestral
cede ante la alabanza y la lisonja
y al aceptarse el regalo,
se abren las puertas formidables
al regio tributo de los enemigos.
Silenciosa late la traición en la panza del caballo.
Aliados con la oscuridad,
los guerreros dan rienda suelta a su afán de victoria
y en Troya sólo permanece la derrota.

CUMPLEAÑOS DE AGUA

I

Era mi cumpleaños de agua
porque cumplía una edad nebulosa
que no puede mencionarse,
una edad en que no es fácil mediar la balanza del corazón,
–merecedor de los ritos más bellos–
y la del cuerpo, que se siente desamparado.
Decidida, deslicé el pestillo para que entrara la noche:
la luna ululante entró poseída y formada por libélulas
de un séquito oscuro y alucinado.
Las nubes se quedaron afuera, como temiendo molestar.
Las estrellas brillaron silentes una por una
y yo me levanté en mi majestuoso otoño de plumas
y me encontré luminiscente entre los ocres.
Tanto aprender, tanta locura, tanto amor, tanta pérdida.
A mi edad todo debe ser fuerte, grande, contundente.
Pero aún existe
una iridiscencia que vibra atrapada.
(debe ser mi alma que continúa viviendo en timidez).
La luna y yo somos una y mi cuerpo
ya es como ella, gris, cacarizo y antiquísimo.
Cada noche brillo imponente con la luz del sol.

II

Las garzas y las gaviotas
anunciaron el día y los halcones rojos, la tarde.
Apenas unos momentos para celebrar la locura desatada,
el amor de años amansado en las muñecas y en los ojos,
repujado con los amargos grilletes,
de quien puede esperar para después,

para cuando todos se han ido.
Mi cumpleaños de agua se cumplió.
Se resolvió en la piedra angular
de una nueva vida aprobada por la luna.

LAS TUMBAS CITADINAS

Ante aquél contraste
de vida y misterios,
de luz y tinieblas,
medité un momento:
¡Dios mío, qué solos
se quedan los muertos!
G. A. Bécquer

Esta ciudad está llena de cruces en las calles.
De madera, de metal,
pasan en un santiamén,
cruces que están ahí para recordar
que alguien expiró en esa esquina,
en esa parte de la curva, en esa banqueta.
Algunas contienen un nombre, otras nada.
Son tumbas terribles, sin cuerpos, malditas,
signos de la memoria urbana
de la maquinaria imparable de una ciudad.
Son marcas de los que quedaron ahí un día equis,
de los que no llegaron
y murieron en la calle, como perros callejeros,
solos y rodeados de extraños.
Son los que van tan rápido hacia la muerte
que no los alcanza la ambulancia.
Yacer tendido en una soledad que todo lo abarca
incapaz de levantarse y correr y regresar a la vida,
sentir el suelo duro como última morada
agregándole la humillación de hacer público, un acto tan privado.
Me ven, me miran, cómo se me sale la vida,
cómo pierdo la compostura,
cómo soy un cuerpo que ya no puede más, que ya no puede

ser pegado / arreglado / ajustado
un cuerpo que desfallece en una oscuridad
que todo lo traga.

Y luego una cruz en la selva de cruces.

NOTICIA UNIVERSAL

Noticia:
varios telescopios espaciales
captaron este episodio:
a la galaxia bautizada como «Rueda de Carreta»
algo extraño le sucedió,
algo como de «Un paso al más allá».
A una galaxia chiquititita
se le antojó el viaje de la Carreta y
saltó, se zambulló o se clavó
–es difícil en estos casos escoger el verbo adecuado–
y provocó, desató o incitó
la formación de múltiples estrellas.
De este milagro también dio cuenta Chandra,
el observatorio espacial de rayos X.

(Inéditos)

JOSÉ MARÍA MEMET

NACIÓ en Neuquen, Argentina, de padres chilenos, en 1957. Ha publicado los siguientes libros de poesía: *Poemas crucificados* (1977), *Bajo amenaza* (1979), *Cualquiera de nosotros* (1980), *Los gestos de otra vida* (1985), *Canto de gallos al amanecer* (1986), *La casa de la ficción y otros poemas* (1988), *El duelo* (1994), *Un animal noble y hermoso cercado entre ballestas* (1995), *Amanecer sin dioses* (1999) y *El rastreador de lenguajes* (2004). Sus poemas se han traducido parcialmente al francés, alemán y ruso. Además de poeta es gestor cultural y fundador de uno de los festivales de poesía más prestigiosos en Hispanoamérica: ChilePoesía.

X

Hoy la calle no está extraña,
pese a que circulan por ella millares de sueños
mi alma está en paz.

Observo a las mujeres solamente
y escucho una vieja melodía
que enternece la sangre del cordero
y salpica la del lobo.

Una mujer me ha reconocido en la caverna.
Mi aire debe ser perfecto,
porque perfecta es la sensación de encontrarse
miles de años antes.

La soledad no tiene compañía,
dos seres ya son una ciudad.

XII

Los pájaros se posan en los árboles
que rodean la ciudad
no entienden qué hablan los humanos
y no les interesa.

Son criaturas que viven
detrás de las murallas

y que fecan, arman nidos, trinan su locura,
buscando una razón por qué vivir
como toda la naturaleza.

Todos creen que los pájaros no sueñan
con lugares más violentos.

Ignoran que el peligro de la demencia
es el vuelo.

XIV

Al ciego lo hacen caminar por la ciudad
mientras la ciudad
crece y devora;

el ciego se estrella con paredes y cristales
de grandes rascacielos;
conoce las cloacas
y por sus propios medios
debe volver a superficie.

Su tarro es un lúgubre canto
y las monedas que consigue diariamente,
un poco de luz para el estómago

a vagar se echó su perro hace dos años
y el bastón que sostenía su presencia
fue robado por muchachos sin bondad;

ahora sí que ya no tienen ojos,
ahora sí que ama la vida.

Sin rumbo deambula aquí en la urbe
y lleva pesados,
aprisionantes eslabones en sus pies,
cadenas que lo aferran a un destino.

De los esclavos que conozco,
es el único que mira atardeceres.

XVIII

La razón de ser
sobre la tierra
es crear paisajes,
breves momentos que otros
llaman amor.

La fatal sed de oro
gobierna cada casa de la aldea.

¡Mira la subasta que es la calle,
debes admitir que la especie
no es preciada!

Ciudades en ruinas, humeantes
tras el paso de las tropas,
es la imagen de este siglo.

¿Qué hará la descendencia
cuando nos echemos a morir?

La verdad sobre la tierra es una sola,
hasta los sueños más hermosos
envejecen.

La irrealidad existe.
Los mortales en la tierra
creen que es una forma de pensar.

CINCO POEMAS ORIENTALES

EL SAMURAY

En el hacer del pensamiento,
la velocidad consiste en detenerse.

Un guerrero de la irrealidad
se engrandece en su propio pasado.

Soñar con un león que ataca
es parte del valor.
Abandonar el sueño y no luchar
es un legado de nuestra
futura derrota.

Hinca rodillas en la tierra,
saluda a las millones de especies
que rodean tu espada.
Es algo serio ser Samuray.

Si de lastimar hablamos,
el ser humano
es el único que merece el daño.

LA SENDA

El camino de un hombre
es extraño y persistente.

Si apresura el paso y luego corre:
árboles, personas y animales
quedan atrás vertiginosamente.

Darse cuenta que sin aliento
todo resulta opresivo,
es parte de la sabiduría.

Los seres humanos
–sin excepción–
se detienen algún día
para mirar la arena que cae en el reloj
y observar de reojo
cuán lejos han llegado.

Una casa invisible
–incluso aguzando la mirada–
es imposible de ver.

Tras una vida intensa,
sentarse a descansar es placentero;
pero más agradable
es echarse a dormir profundo
bajo al árbol que te vio crecer.

El camino de un hombre
es extraño y persistente.

Sólo el rumor de los poblados determina su camino,
incluso determina el lugar donde morir.

Fundar un hogar
–en la casa invisible de esta vida–
es tarea de elegidos.

La poesía
es una aldea
que sigue imperturbable.

EL FIN

a la manera de Pound

Conversar con los mediocres no es prudente
dicen los ancianos por la tierra:

son tristes palabras en la boca
ni cien caballos pueden alcanzar a la lengua
y sin honor los hombres caen en la servidumbre.

La grandeza de un maestro se hace clara
al no preocuparse por ser un desconocido,
sino por hacer algo digno de conocerse.

El hombre debe sostenerse a sí mismo,
volver a los ritos, escuchar las voces ancestrales.

El eje inconmovible es éste:
poner los ojos en la mente
y de ahí actuar.

LA IMAGEN

Repetir una expresión.

En silencio
escuchar
como el sonido
pierde fuerza.

En vigilia
esperar
que vuelva
a pronunciarse.

LA SENTENCIA

La
poesía
como
el
universo
está
en
expansión.

Construir
memoria
es
tarea
de
los
hombres.

DIVAGACIONES SOBRE UNA MANZANA

La manzana sueña en la frutera,
descansa apacible y quieta
después de un largo viaje.
La mosca no piensa
y envidiosa posa patas en la redondez.

Lavarla significa que despierte,
y si una manzana despierta
no es posible de comer,
porque ella ve como amenaza
dentadura, muelas, caries varias.

Reflexionando he reparado, que casi sin excepción,
los seres humanos creen
que las manzanas no tiene sentimientos;
es el motivo, creo yo,
porque las reúnen en canastos,
las suben a camiones, aeroplanos y navíos.
Trasladadas por la tierra
las bocas salivan, ciudades enteras salivan.
A la feria voy los sábados
y llevo la manzana que he adoptado.
Religiosamente recorro aquellos puestos
de verduras, frutas y legumbres,
lo hago porque sé que ella habla, se entretiene
y les explica a sus hermanas,
que no todos los hombres son miseria.

Ustedes estarán elucubrando en sus cabezas
el porqué del buen trato que le doy,

el porqué de la consideración,
el porqué de mi refinamiento.

Tal vez piensen que me he enamorado de una manzana
y crean honestamente que estoy loco:
no es posible asociar locura con cosas humanas.

Lo hago, de verdad lo hago,
–y hay tristeza y paradoja en mi semblante–
porque imperceptible es el gusano
que crece, que crece enorme
en su interior.

(Del libro *Amanecer sin Dioses)*

EL POETA DE LA ALDEA

El niño que vio que una montaña
nacía en su mano,
apretó, apretó,
para impedir
que esta creciera;
pero mientras más cerraba
el puño, veía con sorpresa
que entre dedos
los árboles surgían a la luz.
Abrió entonces la mano
y al hacerlo, escuchó
como corría por su palma
un claro arroyo,
a los pájaros
que en los nidos conversaban.
En la aldea lo obligaron
a marcharse:
¡que era un brujo,
que era el diablo!, le dijeron.
Desde entonces vaga solo
en todas partes
y el mundo es un pequeño pueblo
en su memoria.

VIDAS EJEMPLARES

Tres fósforos yacen acostados
en una cama de cartón.
Es tarde en la noche
y el calor del verano los sofoca;
conversan del destino
y de lo hermoso que es arder
acercándose a dos velas
cuando los enamorados
se miran con dulzura
antes de cenar.
Están conscientes de que sus vidas
se acercan al ocaso y no le temen;
la vida es eso,
una llama que surge
y que se apaga
al intentar asir su fuego.
Tranquilos aguardan
y en el tedio de la espera,
juegan a soñar que hay otra vida
que nace cuando mueren.

EL ELEFANTE

El elefante come hojas
porque cree que el verde es un color;
pero al rumiar se da cuenta que es mentira
y escupe entre el marfil de sus colmillos
la montaña.

El elefante rumia lentamente
porque sabe que el queso es delicioso;
pero al comer se da cuenta que es un charco
y escupe entre el marfil de sus colmillos
a la luna.

El elefante mira al firmamento
porque cree que podrá emprender el vuelo;
pero al batir orejas se da cuenta de su peso
y baja presuroso de las nubes
a la tierra.

El elefante está durmiendo,
cuatro mariposas lo alzan trasladándole
a una flor. ¿Ustedes creen que no es cierto?
Bajen entonces de la rosa
al paquidermo.

(Del libro *Un animal noble y hermoso cercado entre ballestas*)

MARTÍN ESPADA

Martín Espada nació en Brooklyn, New York, en 1957. Su séptimo libro de poemas, *Alabanza: New and Selected Poems (1982-2002)* (2003), obtuvo el Paterson Award for Sustained Literary Achievement. Otro de sus libros, *Imagine the Angels of Bread* (Norton, 1996), fue finalista del National Book Critics Circle Award. Ha publicado además *A Mayan Astronomer in Hell's Kitchen* (Norton, 2000), *City of Coughing and Dead Radiators* (Norton, 1993), and *Rebellion is the Circle of a Lover's Hands* (Curbstone, 1990). Ha recibido numerosos premios como el Robert Creeley, el Antonia Pantoja, el Independent Publisher Book, el Gustavus Myers Outstanding Book, el Paterson Poetry Prize, el PEN/Revson Fellowship, etc. Ha sido incluido en varias antologías, *Poetry Like Bread: Poets of the Political Imagination from Curbstone Press* (1994) y *El Coro: A Chorus of Latino and Latina Poetry* (1997). Actualmente trabaja como profesor en el Department of English at the University of Massachusetts-Amherst.

LA REPÚBLICA DE LA POESÍA

Para Chile

En la república de la poesía
un tren lleno de poetas
rueda hacia el sur bajo la lluvia
mientras los ciruelos se mecen
y los caballos patean el aire
y las bandas de los pueblos
desfilan por el pasillo
con trompetas, con tongos,
seguidos por el presidente
de la república
dándole la mano a cada uno.

En la república de la poesía
los monjes imprimen versos sobre la noche
en las cajas de chocolate del monasterio,
las cocinas de los restaurantes
usan odas de receta,
de la anguila a la alcachofa,
y los poetas comen gratis.

En la república de la poesía
los poetas les leen a los babuinos
en el zoológico y todos los primates,
poetas y babuinos, aúllan de placer.

En la república de la poesía
los poetas arriendan un helicóptero
para bombardear el palacio de la Moneda

con poemas impresos en marcadores de libros
y cada uno en el patio,
ciego de llanto,
se apura a agarrar un poema
revoloteando del cielo.

En la república de la poesía
la mujer guardia del aeropuerto
sólo te permite dejar el país
después que le declamas un poema
del que dice: *Ah! Hermoso.*

AQUÍ NO

para Raúl Zurita,
Santiago, Chile, Julio de 2004

Los otros poetas me cuentan que trató de cegarse,
que se pegó con tela adhesiva las cejas y se tiró amoníaco a la cara.

Lo que Zurita vio le roía como un parásito los músculos de los ojos:
los buques de guerra de Chile invadieron el puerto de Valparaíso
y los subversivos tambaleándose a punta de pistola
fueron por la ciudad de los cerros hasta el muelle.
Sólo el agua sabe cuántos se desvanecieron
como negras botas arrojadas al negro mar
o colgaron de los mástiles, desechos por los nudillos y la lluvia
en espantapájaros que las gaviotas desgarraban.
Once de septiembre de 1973: el corazón de Zurita
chocó duro contra las costillas de un buque de la marina.
El oficial a cargo del interrogatorio
remeció los papeles del poeta echando humo: *esto no es poesía.*
Me cuentan los otros poetas: *se incluyó electricidad.*

Siete años más tarde Zurita parpadeó
para salvar sus ojos y escribió:
que por nuestro amor sean queridas
hasta las puntas de fierro de las botas
que nos golpearon
y que quienes burlándose nos decían
«Báilennos un poco» y nos apagaban sus cigarros
en los brazos para que les bailáramos
que por nuestro amor, sólo por eso, ahora
bailen ellos.

Hoy día caminamos por el patio
del palacio presidencial.
La fuente habla el lenguaje del agua:
se fue la fuente de humo.
Los bombarderos que retumbaban por este cielo
no dejaron huellas en las nubes
cuando arrojaron sus bombas
doblando las barandas del balcón como chicotes.

Hoy día Allende es mármol blanco fuera del palacio,
mudo como un mártir, sin una mano libre para saludar
desde el balcón, sin una voz para chisporrotear
sus últimas palabras en el aire radial.

Zurita dice: *después del bombardeo, después del golpe,*
ninguno pudo pararse aquí a mirar las ruinas.
Eras sospechoso si lo hacías. ¿Lloraste la muerte de Allende?

Lo hicieron, cabezas bajas, manos en los bolsillos, moviéndose,
escrutando un ennegrecido balcón por el rabillo del ojo.
Zurita sabe lo que el agua sabe,
lo que el cielo no le confesará ni siquiera a los dioses
que dan o cortan o dan la corriente otra vez.
La barba de Zurita forjada en gris, el acero de un navío de la marina.
Enciende un cigarrillo por aquellos que verían las ruinas
ahí donde las ruinas han sido arrasadas.

Yo soy el que navega la noche sin estrellas.
En la noche del once de septiembre de 1973 (o cerca)
a la edad de dieciséis
yo destrozaba un campo de golf bajo la lluvia

arrastrando mi auto por el lodo del noveno hoyo
mientras rodaban bajo mis pies las latas de cerveza.

Diez millas más allá, en la Casa Blanca,
los del complot se alegraban: el golpe
era un mundo en miniatura que pintaban a mano,
un tren con humo y campanas de verdad
circulando por su riel en el sótano.
El resto de nosotros tomábamos demasiado,
manejábamos acelerados,
mientras la radio nos contaba lo que pasaba
al otro lado del mundo
y los limpiaparabrisas decían
aquí no, aquí no, aquí no.

ALGO SE ESCAPA DE LA FOGATA

Para Víctor y Joan Jara

I. PORQUE NUNCA MORIREMOS: JUNIO DE 1969

Víctor cantó su plegaria del labrador:
Levántate, y mírate las manos.
Las manos del padre de Víctor enguantadas en piel dura
petrificadas como puños empujando el arado.
El Estadio Chile lo celebró, delirante como un hombre
que sabe que ha arado su último terreno
para otro y que oye una canción contándole
lo que sabe con los hombros.
Joan, la bailarina, que giraba frente a las multitudes
en las mismas poblaciones donde Víctor cantó,
se inclinó hacia delante en su asiento para escucharlo:
Primer premio en el Festival de la Nueva Canción para Víctor Jara.
Estas son las noches en que no dormimos
porque nunca moriremos.
Cómo fue entonces que él pudo atisbar hacia lo oscuro,
más allá de la fila trasera, levantar su guitarra
y cantar: *Juntos iremos, unidos en la sangre,*
ahora y en la hora de nuestra muerte. Amén.

II. EL HOMBRE CON TODAS LAS ARMAS: SEPTIEMBRE DE 1973

Vino el golpe y los soldados arrasaron a los enemigos del estado:
manos en la cabeza, en fila india, a través del estadio.
Rostros condenados sangraban su luz en los pasillos
del Estadio Chile. Todavía la luz flota allí.
También los asesinos tenían su luz: cigarrillos espectrales
centelleando en cada corredor; especialmente El Príncipe,

así los prisioneros le llamaban al rubio oficial
que sonreía en su trabajo como si le cantaran iglesias en la cabeza.

Cuando Víctor ingresó al pasillo,
lejos de los miles apretando las rodillas contra el pecho
mientras esperaban el cigarrillo en el cuello
o escrutaban a las ametralladoras que los escrutaban,
conoció a El Príncipe, quien debe haber escuchado un canto en
[su cabeza,
ya que reconoció la cara del cantante, rasgueó el aire
y tajeó su garganta con un dedo.
El príncipe sonrió como un hombre con todas las armas.

Más tarde, cuando los otros prisioneros entendieron
que no había alas sobre sus hombros
para volar lejos del pelotón de fusilamiento,
Víctor cantó *Venceremos*
y el canto prohibido levantó hombros
mientras la cara de El Príncipe se enrojecía en un grito.
Si su propio grito no podía aquietar la canción
latiéndole en las venas de la cabeza
entonces, razonó El Príncipe, lo harían las ametralladoras.

III. SI SÓLO VÍCTOR: JULIO DE 2004

Resquebraja la esfera de cada reloj en el Estadio Chile.
En este lugar, treinta y un años se miden
por el último aliento de Víctor. Un momento,
como en *momento*, la última palabra del último canto
que escribió antes que se plagara de balas
el panal de sus pulmones.

Todavía los ojos de ella arden. Su lengua todavía se congela.
Por Joan de nuevo los helicópteros rugen,
la música militar redobla por el dial,
los soldados les dan culatazos a las mujeres en la cola del pan.
De nuevo encuentra el cuerpo de su esposo en la morgue
entre los cadáveres apilados como ropa sucia
y alza las oscilantes manos fracturadas de Víctor en las suyas
como para comenzar un vals.

Sí, ahora le pusieron su nombre al estadio donde lo mataron,
sí, sus palabras flotan en la piedra a lo largo de la pared de la
[entrada,
sí, hay acróbatas chinos haciendo piruetas aquí esta noche,
pero ella arrancaría el letrero que florea su nombre,
echaría abajo la pared con sus palabras
y dispersaría a los acróbatas por las calles
si sólo Víctor entrara a la sala
para terminar con la discusión de por qué
él andaba tan lento de mañana
haciéndola casi siempre llegar tarde a clase.

IV. ALGO SE ESCAPA DE LA FOGATA: JULIO DE 2004

Al sur de Santiago, lejos del Estadio Víctor Jara,
bajo una carpa donde los goterones de lluvia repiquetean sobre
[la tela,
un muchacho y una muchacha nacidos años después del golpe
se recuestan sobre una silla del escenario para llenarse los ojos
[de la cara del otro.
La cinta resuena y la voz de Víctor
serpentea delicada como papel quemado hacia el cielo
cantándoles sobre el silencio de un amante a los bailarines
que desencrespan los zarcillos de sus cuerpos.

Algo se escapa de la fogata
donde los generales se entibian las manos:
brazas de papel quemado, cintas enterradas,
voces rebosando en el silencio
como invisibles criaturas en un vaso de agua,
igual que una bailarina gira con la música en su cabeza,
sola salvo por el cosquilleo de unas yemas en el codo.

ISLAS NEGRAS

Para Darío

En Isla Negra,
entre la tumba de Neruda
y el ancla en el jardín
un hombre con manos de albañil
alzó a su niño de cinco años
para que los ojos del niño pudieran buscar los míos.
Los ojos del niño eran aceitunas negras.
Hijo, dijo el padre, este es un poeta
como Pablo Neruda.
Los ojos del niño eran vidrio negro.
Mi hijo se llama Darío
por el poeta de Nicaragua,
dijo el padre.
Los ojos del niño eran piedras negras.
El niño no dijo nada:
buscando poesía en mi rostro,
buscando en mis ojos sus propios ojos.
Los ojos del niño eran islas negras.

NO DE MADERA Y PINTURA

En la casa de Neruda la vi:
tallada hace un siglo
para vigilar las olas
desde la proa de un barco
con sus grandes ojos café
y el pelo en remolino
sobrevolando ahora en silencio
la mesa del poeta.

Esa noche en el bar
dio justo con mi codo:
idénticos ojos, idéntico pelo,
no de madera y pintura sino carne.

A él le gusta que me quede callada,
se sonrió. *No me gusta callarme.*
Quiero subir los escalones
de Macchu Picchu.
Quiero conversar sobre poesía toda la noche.
Quiero más vino.

CIUDAD DE VIDRIO

Para Pablo Neruda y Matilde Urrutia
La Chascona, Santiago, Chile

La casa del poeta era una ciudad de vidrio:
vidrio de arándano, vidrio de leche, vidrio de carnaval,
copas rojas y verdes fila tras fila,
relumbre negro de vino en botellas,
barcos en botellas, un zoológico de botellas,
gallo, caballo, mono, pez,
latido de relojes rebotando contra el cristal,
ventanas iluminadas por los blancos Andes,
un observatorio de vidrio sobre Santiago.

Cuando el poeta murió
trajeron su ataúd a la ciudad de vidrio.
No había puerta: la puerta era mil puñales,
más allá de la puerta un antiguo mundo en ruinas,
vidrio ahora puntas de flechas, hachas, trozos de cerámica, polvo.
No había ventanas: dedos de aire
buscaban vidrio como el rostro de un amante desaparecido.
No había zoológico: las botellas eran medias lunas
y cuartos de luna, caballo y mono
destripados con cada reloj, con cada lámpara.
Huellas de botas hiladas en un tango lunático por el suelo.

La viuda del poeta dijo: *No vamos a barrer el vidrio.*
Su velorio es aquí. Reporteros, fotógrafos,
intelectuales, embajadores pisaron el vidrio
crujiendo como un lago helado, y soldados también,
los mismos que saquearon la ciudad de vidrio,
regresaron a hablar por su general:

tres días de luto oficial,
anunciados al final del día tercero.

En Chile un río de vidrio burbujeó, se enfrió,
se endureció y se levantó en láminas, sólo para romperse y elevarse
[de nuevo.
Un día, años después, los soldados se dieron media vuelta
para encontrarse dentro de una ciudad de vidrio.
Sus rifles se volvieron vidrio de carnaval,
las balas se disolvieron reluciendo en sus manos.
Desde el zoológico del poeta oyeron monos chillar;
desde el observatorio del poeta oyeron
poema tras poema como un llamado a orar.
La lengua del general se quemó con astillas
invisibles al ojo. La lengua del general
era color de vidrio de arándano.

TENGO UNA ANGUILA EN EL CORAZÓN

Tengo una anguila en el corazón,
retorciéndose a través de cada recoveco,
surgiendo de cada naufragio
para asustar a los buzos que hurgan por ahí,
un congrio de los mares de Chile
sorprendiendo a los doctores
que separan bien aparte las manos
para mostrarles a los otros doctores
lo que hallaron en los rayos equis.

Tengo una anguila en el corazón:
frita, frita, frita
en las mesas de Chile,
enrollándoseme en el pecho,
apretando el músculo rojo
hasta que bramo por toda una dieta de anguila.

Tengo una anguila en el corazón,
saludada con otro vaso de vino
por los poetas de Chile
que aporrean la mesa y discuten:
Es esta la sirena de ojos abultados y dientes de aguja
celebrada en una canción de hace cien años
por los solitarios piratas de Valparaíso?

Tengo una anguila en el corazón.
Quiero contrabandear la serpiente de Chile:
una caja de guitarra en el vuelo de Santiago
tan radiantemente maloliente
que ni siquiera los misioneros mormones
me dirigirían la palabra.

Oh, anguila,
Neruda te hizo estofado en una oda,
los japoneses te hacen sushi con un cuchillo perfecto,
pero yo bailaría un vals contigo en mi cocina
antes de hacer lo que tu primo el gusano
finalmente nos hace a todos nosotros.

EL GENERAL PINOCHET EN LA LIBRERÍA

Santiago, Chile, julio de 2004

La limusina del general se estacionó en la esquina de San Diego
y los guardaespaldas lo escoltaron a la librería
llamada La Oportunidad para que pudiera ojear
raras obras de historia.

No quedaron huellas sangrantes en las páginas.
Ningún libro se convirtió en cenizas cuando lo tocó.
La tierra de la fosa común no andaba pegada en sus zapatos
ni sus ojos brillaron rojos con el calor de un demonio.

Peor: sus manos estaban impecables, sus ojos eran azules
y la demencia que rabiaba en su cabeza como un demonio,
haciendo que el juicio del general fuera imposible,
había desaparecido.

Desaparecido: igual que los miles de muertos pero no muertos,
como la multitud le recordó al general
reunida afuera de la librería para abuchear
cuando él se escabulló con sus guardaespaldas,
mucho más pequeño en persona.

(De *La República de la poesía. Ciclo de Chile.*
Traducciones de los poemas: Oscar Sarmiento)

RAFAEL ARRÁIZ LUCCA

Rafael Arráiz Lucca (Caracas, 1959). Escritor. Miembro de Número de la Academia Venezolana de la Lengua. Profesor Titular de la Universidad Metropolitana. Presidente de la Fundación para la Cultura Urbana. Decano Director del Centro de Estudios Latinoamericanos Arturo Uslar Pietri. Columnista semanal del diario *El Nacional*. Abogado (Ucab, 1983). Especialista en Gerencia de Comunicaciones Integradas (Unimet, 2002) y Magíster en Historia de Venezuela, *Summa Cum Laude* (Ucab, 2006). Entre sus poemarios destacan: *Balizaje* (1983), *Almacén* (1988), *Litoral* (1991), *Batallas* (1995), *Poemas ingleses* (1997) y *Plexo solar* (2002). Es autor de una historia de la poesía venezolana: *El coro de las voces solitarias* (2002) y de varias antologías de la misma, así como de una vasta obra ensayística en los órdenes literario, historiográfico y político.

LAS MUJERES RIGUROSAS

Las mujeres rigurosas mueren solas.
Sus padres las miran crecer
y cautelosos pronostican la tragedia:
una abultada línea de cosméticos
acompaña las noches de diciembre
frente a un pino encendido.

De tanto esperar a un hombre fuerte,
sus cuerpos blandos les quitan el sueño
y vagan por las tardes buscando el azar
en las vitrinas de las tiendas.

Cuando los hombres quieren amarlas,
como lo hacen los niños,
ellas respiran profundo y se guardan
para mejores conquistas.

Las mujeres rigurosas mueren solas,
abrazadas a sus muñecas.

ALMACÉN

Abrigué durante años la esperanza
de hacer un poema que fuera un fresco
de todas las cosas que me afectan;
pensé admitir algunos hechos
que me hicieron extrañamente feliz;
quise hacer un texto largo
donde la enumeración estuviera sustentada
por cuatro o cinco observaciones inteligentes,
una estructura de secuencias,
como si mis ojos fueran una cámara
repasando un galpón, deteniéndose, formando
un discurso que resaltara un trasto viejo,
como el par de zapatos de tap de mi tía bailarina
y una lavadora que motivó un poema anterior.
Vi los versos como cuando entro a una casa
y gozo con los cuadros y los muebles
porque ellos definen a sus dueños;
vi los versos hablando de mí
como hablan los objetos,
supuse la aparición de las cosas en el almacén
como fueron llegando a mi vida,
desde siempre o adquiridas por mi suerte.

Tantos años estuve gestando este poema
que sus cosas ya no existen:
han desaparecido en mi memoria
por el infinito beneficio del olvido.

(De *Almacén*)

LAS COSAS

Las cosas son
lo que de ellas persiste
en la memoria.

Las cosas también son
lo que de ellas queda
cuando la memoria falla.

Las cosas incluso son
lo que de ellas queda,
colgado en la pared,
cuando ya no existen.

Las cosas nada son
hasta tanto alguien
no las mire de reojo.

SABIDURÍA

La cabeza en la almohada
y una cobija hasta el cuello.
Las manos tomadas
y los ojos fijos en el techo.

Quedarse así,
como quien abre un paréntesis
y muere antes de cerrarlo.

Quedarse así, en Alaska,
hasta que llegue el verano.

Las piernas juntas
y una mano por la frente
mientras se tose.

Quedarse así:
bajo, invisible,
mientras pasa la jauría.

LA POÉSIE

Como una voz que cubre
los espacios más amplios
sin que nadie la escuche.

Como las muchas cartas selladas
dirigidas a una actriz
que ha fallecido en secreto.

Como el inútil soplo de Dios
sobre una costilla falsa.

(De *Litoral*)

FUNDOS

I

Si *olvidas las* palabras más cercanas
y tratas de escuchar las lejanas,
oirás un murmullo que sólo termina
cuando ya no hay nadie.
Son todas las lenguas
que van y vienen y buscan
ardorosamente
ser vertidas de un tonel a otro
sin que una gota se pierda,
sin que el más remoto sabor
se quede en una arista del viaje.
Babel está allí
condena e invitación:
saber de los otros tanto
como de nosotros mismos.

VIII

Una nube blanca
ha ido creciendo en el sitio
impreciso
que ocupa mi alma.
Es como un vapor
informe
que impide abrirse
a la flor de la cayena
y a las alas del cuervo.
Esa mi nube blanca
entre el pecho y la garganta
no es plácida

ni melancólica
ni desesperada
tampoco anuncia la vastedad
del desasosiego.
Es, digamos,
una nube blanca
en el sitio
impreciso
del alma.

XIII

Pude volar.
Mis alas fueron tan livianas
como los años que contaba.
Muchas veces me dijeron
que de tanto emprender vuelo
algún día
ya no podría volver.
Ante las ansias de mis alas
fervorosas
y el miedo a no poder regresar,
fui atándoles piezas de plomo,
cobre y latón.
Ahora están dobladas por el peso
y los dedos de mis pies
han adquirido la destreza
de las raíces.
Es cierto,
ya no corro el riesgo
de perderme entre las nubes.
Estoy atado a mí mismo
y sufro

como una cabra entre estacas
días antes de morir.

XV

Un camello apura el paso hacia las palmas
y me ignora.
El pájaro azul hace piruetas sobre mi cabeza
y luego alza vuelo hacia el sur.
No hay cielo para mí,
digo entre dientes,
y abro los ojos y oigo
las gotas de la lluvia
golpeando la canal.
He sudado mucho.
Estoy sobre la arena de mi cama
en Caracas.

(De *Batallas*)

SEIS

Soy la cabra
que íngrima
mira el alba
entre las ramas
del cují.

Estoy seco:
he perdido
la elocuencia
de los versos largos
y el lujo
de las estrofas dilatadas.

Casi no veo más allá
de las tunas
y del espejismo
de la carretera.

Volteo hacia arriba
y miro pasar al gavilán
confiado
hacia los esteros.

Casi no articulo palabra
y he perdido la gracia
de la gramática extendida
y melódica.

Mis versos son ahora
cortos

y tienen el mismo *rigor mortis*
de los telegramas.

Entre oquedades y miopía
me detengo a leer
absorto
un poema de Lezama Lima,
y comienzo a creer que en las islas
la sintaxis barroca es la piedra
desde donde alzar el vuelo.

La idea de abandonar el desierto me ilumina:
retomo el curso musical de mis versos cadenciosos.

Ya estoy en otra parte, me he mudado.
Los palacios abren sus puertas al no más escucharse
el ruido de los cascos de mis caballos austríacos.
Las mesas son largas y estrechas
como las quería Neruda.
Frente a mi, la mujer de las esferas perfectas
humedece el faisán en la salsa.
Mientras muele parece atarearse, también,
con la carnosidad de sus labios.
Toda ella es una noticia, una oferta.
Atrás han quedado los tiempos de sequía,
ahora soy un pez que merodea los corales
acechando a sus víctimas.
El deseo traquetea en mis entrañas como un reloj perfecto.
Quiero, anhelo, añoro, sueño
son los verbos que insuflan mis danzas de cazador hambriento.
Una llama enciende en mí las praderas del horizonte:
lentamente despierto a la invitación de los astros,
he dejado de considerar al oasis como un espejismo.

Voy saliendo del verano al que fui reducido
después de aquella larga estación lluviosa.
Dicen los ancianos de un pueblo suspendido en el pretérito,
en la garganta de las montañas más agrestes,
que el tiempo pasa como el badajo de una campana:
de un lado a otro anunciando su estancia efímera.

(De *Plexo solar*)

UNO

Y yace sobre la nieve desnudo sin que el hielo le maltrate.
Su corazón canta en coro con los rigores del clima:
es una palma que se mueve frente al viento
sin que el viento pueda sacarla de raíz.
Yace sobre la nieve en Escandinavia un martes de carnaval
y distrae los empeños del hielo por quemarle la piel
extrayendo de la memoria más lejana sus balbuceos príncipes:
el mundo entonces era un pentagrama de pocas palabras
y la primera fue «agua», «agua»,
que fue erigiéndose, en su imperio saliente de la mudez, en un
[salmo,
en un tótem de la lengua que lo salvaba de la aspereza
y le acariciaba la garganta como una película de ungüento.
Desde entonces tuvo entre sus labios un vocablo salvador
que le reveló el universo:
decir, y que pasara algo
eran cartas que habían recibido respuesta.

A aquel vocablo que lo rescató de los rigores del desierto
se le sumó otro que trazó un puente con unos ojos atentos:
«mamá», y unas manos que habían sido hechas para la certidumbre,
pasaban por su brevísima humanidad y le restituían el vínculo.
Más allá del aro que recordaba ahora manotear desde la cuna,
aquel mínimo cuartel donde se detenía el tiempo,
sabía que unos rostros iban en su auxilio
y que unas palabras abrían y cerraban puertas
y que era atendido por unos seres que asomaban sus caras
[gigantescas
por entre los lienzos etéreos que cubrían su espacio.

Después supo que sus piernas podían ampliar el periplo
de sus investigaciones,
y que su casa era un laberinto en el que todos los conductos,
a la hora del anochecer,
conducían a un solo centro donde no bramaba un minotauro:
su cama.
Entre sus sábanas un instrumento le entregaba la inmensidad:
soñaba, soñaba, enmendaba al mundo,
tomaba vidas prestadas, se iba, regresaba,
tenía entre sus manos una posibilidad que era todas,
un método que era todos los métodos,
un sistema que era todos los sistemas.
Tan sólo el hastío de abusar de sus poderes
le hacía abandonar sus operaciones demiúrgicas,
y entonces volvía a su espacio preciso, a sus trapos
a sus muñecos silentes, al olor de su almohada.

Estreno, novedad, lozanía, ímpetu
son palabras que retumban en su mente cuando recuerda
aquel tiempo novísimo en el que la experiencia iba acopiando
sus primeros registros,
al margen de la experiencia que vivía.

Y el hielo cuece bajo su piel,
y sus recuerdos no han ocupado más que una mínima partícula
[de tiempo
de sus diálogos con el frío y la soledad.
Las nubes pasan raudas por sobre su cabeza
tamizando el azul de un cielo invernal:
pulcro, luminoso, aromático.
A lo lejos oye el canto de un pájaro que anuncia la primavera,
un adelantado que intuye primero que sus pares que el sol saldrá
a derretir el hielo y a dejar la hierba en su verdor elocuente.

El canto se escucha cada vez más cerca,
pero para él no hay ventana distinta a los ojos fijos
en el paso de las nubes por encima de su cabeza.
Voltear es perderse.

Ahora se le presenta la bandada de tordos sobre las lajas del patio,
y el ébano frondoso que se llegó a temer que tapizara el cielo
y todo se hiciese sombra y fulgor bajo sus ramas,
y la hiedra subiendo por las paredes hacia el techo,
y el terremoto que estremeció la casa
mientras cuatro rezaban un padre nuestro en el jardín rogando
que no se viniera abajo,
y de pronto insurge en su imaginario
el *Jardín de las Delicias* en su detalle y magnitud,
y ya todo es el Bosco, el Bosco, el Bosco:
jardín e infierno, luz y sombra, vacío y plenitud.

El helicóptero pasa por encima de nuestras cabezas
mientras los grillos se estremecen en la grama,
y los pájaros combaten por sus migas de pan.
Ahora mi madre escarba en la tierra haciéndole sitio
a unas petunias que ha mudado de lugar.
Mi abuela la ve trabajar con el sol en la espalda,
y se balancea en su mecedora con la mente en otra parte,
en otro espacio, en otro tiempo.
Mi abuela está con sus vacas,
en el Tuy,
girando instrucciones:
pasa revista a sus hombres y sus bestias
y se prepara para el verano.
Entonces vivía su marido y el horizonte se salpicaba de nubarrones
con tan poca frecuencia como el anuncio de la tristeza.
Mi abuela está allí como casi nunca se deja ver:

con sus cabellos blancos largos, larguísimos,
que le caen sobre un paño blanco,
secándose al viento.
Por su mente pasa un río de aguas claras y otro de turbias
que no se juntan en ninguna parte:
sólo la realidad es caótica, se dice mi abuela como fustigándose
hacia sus adentros.

Sobre el filo del mediodía veo a mi padre en el pretil, saludando:
su paso puntual por este imperio está signado por unas recurrencias.
Entra, sale, saluda, se despide, lee y duerme,
mientras las regentas del palacio dialogan y siguen su curso.
Ya mi reino onírico tiene su correlato:
mí jardín, mis taxonomías, el musgo y el árbol,
aquella desproporción a la que me trepaba siempre.
Sabía que la vida no se agotaba en la cárcel de mi cuerpo,
y que la experiencia ajena era tan mía como de cualquier otro.
Me sentaba a comulgar con mis amigos sobre la tierra:
nos repartíamos los recursos y hacíamos la guerra y luego la paz.

Ignoro cuántas nubes han pasado veloces sobre el fondo azul,
tampoco sé cuánto tiempo ha pasado para siempre
mientras yazgo aquí, sobre el hielo,
espaciando los latidos de mi corazón.

(De *Un bonzo sobre la nieve*, inédito)

EDUARDO CHIRINOS

Eduardo Chirinos (Lima, 1960)

Obra Poética: *No tengo ruiseñores en el dedo*, Valencia, 2006; *El Fingidor*, Lima, 2003; *Derrota del otoño* (Antología), Guadalajara, 2003; *Escrito en Missoula*, Valencia, 2003; *Breve historia de la música*, Madrid, 2001; *Abecedario del agua*, Valencia, 2000; *Naufragio de los días (1978-1998)*, Sevilla; *El Equilibrista de Bayard Street*, Lima, 1998; *Raritan Blues* (Antología personal 1978-1996), México, 1997; *Recuerda, Cuerpo...*, Madrid, 1991; *Canciones del Herrero del Arca*, Lima, 1989; *El Libro de los Encuentros*, Lima, 1988; *Rituales del Conocimiento y del Sueño*, Madrid, 1987; *Archivo de Huellas Digitales*, Lima, 1985; *Crónicas de un ocioso*, Lima, 1983; *Cuadernos de Horacio Morell*, 1981.

RIDICULUS MUS

Epístola a Quinto Horacio Flaco

Horacio, jamás tuviste mujer que te abandonara en los cinemas.
Tampoco tuviste que aprender a rechazar un cigarrillo,
ni a esconder tus flacas piernas debajo de la túnica.
Sólo corriste indiferente hacia los campos
y fuiste feliz comiendo con la plata de Mecenas.
Jamás subiste solo a los tranvías y es tu gloria
cantarles por amor al bien y a la belleza.
No tuviste por qué rendirles culto a las ciudades
ni inclinarles tu noble cabellera.
Horacio, el bienamado de los reyes y los dioses,
poeta mesurado con el vino y con los versos
te he visto hoy acariciándote las barbas y esperando
que apareciera al fin el ridículo ratón del que me hablabas.

(De *Cuadernos de Horacio Morell*, 1981)

FRAGMENTOS DE UNA ALABANZA INCONCLUSA

Debe haber un poema que hable de ti,
un poema que habite algún espacio donde pueda hablarte sin
[cerrar los ojos,
sin llegar necesariamente a la tristeza.

Debe haber un poema que hable de ti y de mí.
Un poema intenso, como el mar,
azul y reposado en las mañanas, oscuro y erizado por las noches
irrespetuoso en el orden de las cosas, como el mar
que cobija a los peces y cobija también a las estrellas.
Deseo para ti el sencillo equilibrio del mar, su profundidad y su
[silencio,
su inmensidad y su belleza.

Para ti un poema transparente, sin palabras difíciles que no
[puedas entender,
un poema silencioso que recuerdes sin esfuerzo
y sea tierno y frágil como la flor que no me atreví a enredar
[alguna vez
en tu cabello.
Pero qué difícil es la flor si apenas la separamos del tallo dura
[apenas unas
horas,
qué difícil es el mar si apenas le tocamos se marcha lentamente
[y vuelve
al rato con inesperada furia.
No, no quiero eso para ti.
Quiero un poema que golpee tu almohada en horas de la noche,
un poema donde pueda hallarte dormida, sin memoria
sin pasado posible que te altere.

Desde que te conozco voy en busca de ese poema.
Ya es de noche. Los relojes se detienen cansados en su marcha,
la música se suspende en un hilo donde cuelga tristemente tu
[recuerdo.
Ahora pienso en ti y pienso
que después de todo conocerte no ha sido tan difícil como
[escribir este poema.

(De *Crónicas de un ocioso*, 1983)

Se desmorona la pared en la que antaño se escribieran poemas
[tan hermosos.
El polvo disputa su reino con las aguas,
la oruga se convierte en mariposa, en polilla invidente ante la luz.
Homero, Ovidio, Dante ¿qué se hicieron?,
un manojo de papeles que archivamos como huellas digitales,
viejas citas que guardan un museo como fieros leones disecados.
Ah, pero la muerte sacude la raíz del nacimiento y las palabras
se suman al lento transcurrir de nuestra sangre;
¿acaso en Garcilaso no hallamos las huellas de Virgilio?,
¿acaso en Virgilio no hallamos las huellas de Teócrito?
Así es la historia.
De esa leche nos amamantamos,
de ese útero habremos de salir para tornar alguna vez en busca
[de refugio.

Se desmorona la pared en la que antaño se escribieran poemas
[tan hermosos.
El polvo se mezcla con las aguas, la polilla
se deshace al contacto con la luz y nuestros ojos
recuerdan temblando una visión:
¿Es allí donde nos hemos de mirar?

(De *Archivo de huellas digitales*, 1985)

DOS POEMAS DOMÉSTICOS

POEMA CON PERROS

Lo conocí en Estambul.
De su boca colgaba un cigarrillo turco
tenía los ojos pequeños
y una vaga expresión de príncipe arruinado.
Nunca lo volví a ver, pero compré su retrato
en una subasta en las afueras de Londres.
Mis hijos hacen un rodeo para no mirarlo,
las visitas se excusan, inventan mil historias,
prefieren no venir.
Mi mujer acaricia el lomo de los perros.
No les teme. Dice que son amigos del hombre.

POEMA CON GATOS

De noche, antes de acostarme, leo la Biblia.
Ternura sin alas me excita la historia de Judith
cortando la cabeza de Holofernes,
la escena de los viejos acariciando a Susana.
«Apaga la luz que ya es tarde».
La garra felina desangra mi cuello, me hunde
en los goces nocturnos del amor.
–«Pobre tipo», dice el gato,
«era imprudente salir a estas horas».

(De *Canciones del Herrero del Arca,* 1989)

PIRATA DE LA MEMORIA

Voici l'ecumeur de mémoire
(René Char)

El tiempo de los caídos en combate,
el tiempo de los ánsares en celo, el tiempo
del hacha enmohecida por la lluvia
me hunde en una triste sucesión de olvidos.
Hablo del tiempo que empaña la memoria y así la purifica,
de antiguos balcones que resbalan hacia el mar,
de siniestras florecillas que devoran los pelícanos en tiempos de
[hambre
y de miseria.

Hablo de la estrella roja y de la estrella blanca.
Del día que concebí un hijo entre desechos y animales mutilados,
del sol que abrasó dos cuerpos fulgurantes
y luego se detuvo para dar paso a la noche.
Hablo del amor que refulge como un trozo de vidrio ahumado
[por la sangre,
vidrio remoto donde arden águilas y hienas como en un lecho
[nupcial.

Hablo de la muerte del amor y del renacimiento del amor,
de pechos taraceados por la rabia,
de largas agonías sin plegarias ni arrepentimientos.
Hablo también de lluvias y naufragios,
del hijo que asesinó a su padre una noche de tormenta
y enloqueció en plazas inmundas y lejanísimos puertos.
...
Hablo de la estrella roja y de la estrella blanca.
Nada ganaré con recordarlo, salvo el dolor de recordarlo;

la vana pasión que recorre mis días no se parece al sueño
ni la vejez al soportable rencor de los sentidos.
Vuelo sin alas, escupo en el barro, hojeo amarillos volúmenes
[donde otros
han escrito lo que yo he de escribir
y no obtengo respuesta.
Nada poseo sino la palabra,
el resto lo he perdido en el naufragio de los días.
Nada poseo sino la palabra,
la palabra que ahora se escabulle dejándome solo.

(De *Recuerda, Cuerpo...*, 1991)

EL EQUILIBRISTA DE BAYARD STREET

Para Roxana y Jorge, que las han visto

Camina de puntas el Equilibrista de Bayard Street,
evita el abismo la mirada y arranca de cuajo toda pretensión,
¿de qué sirven el heroísmo, la grandeza, el entusiasmo?
Poca cosa es la vida para el Equilibrista de Bayard Street,
poca la indulgencia de llegar al otro lado y repetir cien veces
la misma operación.
Una mujer lo observa sin asombro,
tras la ventana acaricia el cabello de sus hijos
y turba con su canto los oídos del Equilibrista de Bayard Street.
Los vecinos lo ignoran, beben latas de cerveza, conversan hasta
altas horas de la noche,
¿quién repararía en tan inútil prodigio?
Sólo los niños señalan con el dedo al Equilibrista de Bayard Street;
ellos lo admiran, contienen la respiración y aplauden hasta
espantar a los gatos.
Una iglesia presbiteriana es el orgullo de Bayard Street;
fue construida a principios de siglo y tiene torre y campanario.
Fija la mirada avanza hacia la iglesia el Equilibrista de Bayard Street.
Su esposa ha preparado una pierna de pollo, ensaladas de tomates
y un plato de lentejas,
con suerte harán el amor esta noche y tendrán un instante
de feroz alegría.
Es muy joven la esposa del Equilibrista de Bayard Street;
es ella la encargada de tensar la cuerda, la que mide la distancia
entre la ventana y la torre, la que tiene rostro de heroína
de novela de amor.
A nada le teme el Equilibrista de Bayard Street,
pero hace varias noches que no duerme;
dicen que soñó que sus zapatillas colgaban de la cuerda

mientras los niños esperaban que se despanzurrara de una vez
el Equilibrista de Bayard Street.

(De *El Equilibrista de Bayard Street*, 1998)

POR DECRETO Y POR SUEÑOS DE CARLOS CONTRAMAESTRE

¿Dónde andarás ahora viejo Carlos?
Por teléfono me enteré que te habías ido
inventando enfermedades con tu camisa de anestesia y de herida
[inmortal.
Ahora no sé dónde escribirte.
Tengo a la mano una libreta inútil, un par de fotos tuyas enviadas
[por Alfredo
y tu último libro dedicado con letra temblorosa, como una
[premonición fatal.

Seguro estás en las playas de Cádiz,
atravesando murallas para escuchar la lengua dulce de los viejos
[testamentos
o en Mérida (donde nunca estuve) comiendo coquitos o
[almojábanas,
viendo transcurrir la vida en la rockola de La Caraqueña.

O tal vez estés en el infierno, besando la blanquísima frente de
[Francesca,
preguntando si alguien perdió un ala, un lirio, una cometa
[tronchada.
La fotografía de un viejo suizo llamado Bellergal.
Ese viaje en tren no fue hacia Cádiz. Fue a un pasado más remoto.
Allí vimos barcos árabes y rusos anclados en el puerto, marineros
[con sirenas
tatuadas en el pecho, rameras bíblicas ofreciendo por un dólar
[los siete
pecados capitales.
Entonces dijiste la poesía es clandestina o no es.
La poesía hace llorar o no es.

La poesía tiene senos y pestañas y hace sufrir y mata y nos
[devuelve a la vida.

Por eso viejo Carlos,
en nombre de los fotógrafos más pobres del mundo, de los payasos
que siempre fracasan, de los truhanes, vagabundos, lazarillos y todos
aquellos que buscan placer aunque les cueste dolor
te regalo tus propias palabras.

Te regalo una noche de insomnio leyendo a Ramos Sucre.

Te regalo una botella de vino comprada en un restaurante griego.

Te regalo a Plinio y sus yeguas violadas por el viento.

Te regalo una estampita de la Señora de los Esteros.

Para que nos ampare y nos proteja
para que no nos abandone nunca
para que expulse el odio y el rencor de nuestras almas
y nos recuerde que en el mundo siempre habrá un lugar para
[nosotros.

(De *Abecedario del agua,* 2000)

EL COLOR DE LOS ATARDECERES

Atardecer naranja
con sus nubes raídas
y su sol que alumbra todas las palabras.
Una gasolinera exhibe un dinosaurio
(aquí hubo dinosaurios)
y una pradera inacabable.

¿Dónde aprendí todo eso?

Descartemos las nubes, son siempre
las mismas. Descartemos el sol,
presa fácil de todas las metáforas.
Nos queda la naranja.

Algunos dicen que vino de la India
donde era alimento de los dioses.
Otros, que vino de Persia o de Arabia
igual que el nombre y su color.

Virgilio la llamó «aurea mala»
y la dejó caer en una égloga.
Colón la tuvo entre sus dedos. Por ella
descubrió que el mundo era redondo
y que viajando hacia el Poniente
llegaría (como el sol) hacia el Levante.

Ahora estamos solos. Yo y la naranja.

Cuesta siglos decir atardecer naranja.

(De *Escrito en Missoula*, 2003)

MOON OF THE FALLING LEAVES

Luna de las hojas que caen. O mejor,
luna entre las hojas muertas.

¿Con qué imagen puedo nombrar el otoño?

La luna cubre para siempre las hojas,
las baña con un frío resplandor. Y si caen
no es para morir, sino para brillar mejor.

Todo en la caída brilla mejor. Tu silencio

brilla conmigo esta noche y yo
no quiero hablar del otoño
ni de las hojas que caen, ni de la luna.

Me digo para consolarme
que toda muerte es regeneración, que la tierra
se tragará las hojas, que las volverá árboles
o pájaros, tal vez nubes o arroyos.

Pero la luna es insistente y brilla
y dice que volverá a mirarme,
como siempre, entre las hojas muertas.

(De *No tengo ruiseñores en el dedo*, 2006)

No sé si hago bien de escribir tantas menudencias

[1]
escribo para salvar mi vida para que me perdones
escribo siempre a vuelapluma siempre mirando
al cielo siempre mirando al techo de cualquier lugar
puede venir su boca es espantable su llama clara
y sin sombra así es como aparece así como seduce
yo no me dejo engañar le arrojo agua bendita me santiguo
pero hablemos de ti sabes de memoria esa música
leíste ya todos los libros iba a seguir la carne es triste
pero sé de dónde vienes a mí no podrás engañarme
aunque quieras a mí no podrás engañarme

[2]
el sonido es anterior a la palabra dibuja entonces
la palabra el sonido llega con la música no entiendo
toma un poco de algodón y haz una oveja pinta
los ojos me decía pinta el miedo la cola las orejas
estaba tan nervioso no sabía qué hacer de pronto
balaba de pronto brincaba recuerdo esa música
el horror de la maestra el castigo de mis padres el niño
que fui ha muerto decía aprende esto es un poema

[3]
ayer mientras oraba el demonio se sentó sobre mi libro
le dije que se fuera es tan fuerte su olor quiero estar sola
me dijo también tengo visiones veo hormigas despeñándose
en el fuego un león agonizando entre las llamas le dije
no lo sabes esa imagen es la tuya mi camino no conduce

a la belleza yo busco la verdad no me dijo tú morirás
por la belleza yo me pudriré para siempre en la verdad

[4]

con la lentitud del lagarto y la sabiduría del mono
con la sagacidad del gato y la discreción del cuervo
así aparece me pisa los talones araña mi espalda sopla
mis orejas muerdo hasta sangrar mis labios me llama
por mi nombre no volteo es abominable es tan hermosa
la cara de la muerte

[5]

acércate y cuéntame de nuevo la historia con trozos
de algodón debía crear una oveja era un niño no sabía
leer no sabía escribir de pronto saltó de mis papeles
comía de mi mano su música oscurecía las palabras
no había palabras brincaba en los jardines olisqueaba
flores tenía tanto miedo el león se le ocurrió a gregorio
su león era una hormiga murió por no tener su presa

[6]

ayer mientras oraba vi una gran contienda los demonios
luchaban con los ángeles no podía entender esa visión
las aves se arrastraban como sierpes decían en su lengua
no hay lugar para los ángeles no existen los demonios
las sierpes se enroscaban en mi cuello decían en su lengua
no irás a ningún cielo no habitarás ningún infierno yo
cerré su libro yo temblé de amor a dios

[7]

¿por qué hablas de los ángeles? nunca he visto uno jamás
me han visitado los demonios deberían dice no la escucho
escribe ligero escribe menudencias así es como las llama

yo me aferro a mi lenguaje es inútil no hay lenguaje
el león agoniza la oveja danza en una cartulina rosa

[8]
aunque quiera no puedo irme he esperado siglos para verte
mira mis pies enrojecidos mis manos hinchadas de tanto
rezar y rezar mira las nubes son ellas mi descuido de niña
convencí a mi hermano queríamos ser libres huir de casa
ver tierra de moros a mi hermano lo mataron en el sur
fue hace tanto tiempo no recuerdo su cara he olvidado
su nombre

[9]
difícil vivir con una santa escribe a vuelapluma ve demonios
conversa con los ángeles ayer soñé que estaba en galilea
vi a cristo jesús ávidas muchedumbres lo rodeaban apenas
lo podía ver yo estaba sola todo alrededor era desierto
luces huecas atravesando mi alma y un negrillo abominable
quemando mis pajitas no entiendo debes ser más clara
el cielo es gris cuando amanece azul cuando hace sol naranja
por las tardes no te dejes engañar el cielo es siempre azul
y él es legión así se llama de cualquier lugar puede venir
esta noche tengo miedo esta noche quédate conmigo

[10]
con la lentitud del lagarto y la sabiduría del mono
con la sagacidad del gato y la discreción del cuervo
así aparece me pisa los talones acaricia mi espalda besa
mis orejas borra una por una las palabras de su libro
no sé si hago bien de escribir tantas menudencias

(De *Humo de incendios lejanos*, inédito)

LAURA RUIZ

Laura Ruiz Montes (Matanzas, Cuba, 1966) es licenciada en Historia. Ha publicado, entre otros: *Queda escrito* (1988), *La sombra de los otros* (1994), *Lo que fue la ciudad de mis sueños* (2000), *El camino sobre las aguas* (2004), *A ciegas* (Teatro, 2005). Poemas y artículos suyos han aparecido en revistas y antologías cubanas y de otros países. Es editora del Taller Editorial Vigía de Matanzas.

LA SOMBRA DE LOS OTROS

Yo he estado sola en el fondo de mi casa
y he sentido tras de mí una sombra cálida.
He tenido miedo de volverme y no hallar nada.

La sombra, lo sé, ha intentado acariciarme el cabello,
suave,
levemente para que no lo note,
para que no sepa cuánto me cuida.
La sombra quisiera acariciarme despacio,
teme que me eche a llorar
porque sé que no merezco la recompensa.

Los días en que menos buena he sido
es justo cuando se me aparece
y la veo ir y venir,
me mira escoger el arroz, lavarlo.
Me mira conectar el radio y ponerlo muy alto
para no oírme a mí misma,
me mira cuando pego la espalda a la pared
y me voy dejando caer, llorando,
hasta llegar al suelo.

La sombra, lo sé, es quien me dicta,
me examina y me indica en las esquinas
adónde mirar para no morir atropellada.
Todo lo someto a su juicio
y nadie lo sabe,
creen que no consulto jamás,
que no pido ayuda
que no me equivoco.

Yo he estado sola en el fondo de mi casa
y he sentido tras de mí una sombra cálida.
Sólo yo sé cuántas veces no lo merezco,
yo he estado sola y he sentido una sombra cálida.
Yo he sentido miedo de volverme y no hallar nada.

LA MUJER DEL GUERRERO

Yo pude ser la mujer de un guerrero,
para eso me educaron en casa,
pusiéronme el corazón muy fuerte,
tanto como el de mi madre
–«que mira cómo lucha»–.
Yo esperaría muy quieta las noticias de la batalla
no lloraría por la pérdida
yo estaría seca en el entierro.

Yo no pude ser la mujer de un guerrero,
yo elegí mal,
yo fui mal elegida.
Yo nunca conseguí endurecer mi corazón,
yo no pude estarme siquiera un instante quieta.

Yo elegí mal,
yo fui mal elegida
y el que creí mi amado estalló un día,
lloré por la pérdida.
No hubo entierro, ni cadáveres siquiera
pero tuve la atroz idea
de haber quedado casi seca.

Yo no pude ser la mujer de un guerrero,
yo quedé con el corazón cálido,
extraño, no ardiente, no frío;
sólo cálido.
En casa no entienden.
En casa no entienden que todos los guerreros han muerto,
que ninguno anda por el mundo buscando compañía.

Los guerreros han muerto sin que yo pudiese
conocer alguno jamás.
Los guerreros se han marchado no sé a dónde
y en casa me miran, mustia, delgada,
pero no entienden.

(De *La Sombra de los Otros*)

EL DESEO MAYOR

Yo necesito a un desconocido,
alguien que hable un idioma extraño
que yo no logre entender.
Necesito encerrarme en una habitación vacía
con un desconocido,
cerca del mar y la tarde
y que yo no entienda
y que él no entienda.
Sólo que ponga su mano en mi cabeza,
en silencio
y yo cierre los ojos
feliz de no saber.

(De *Lo que fue la ciudad de mis sueños*)

EL ENCANTADOR Y YO

El encantador de serpientes es imperfecto
por eso los reptiles no obedecen del todo.
Las serpientes vamos colocándonos delante de las ánforas.
Estoy en un extremo, no me gusta mezclarme,
los venenos no son iguales.

Las serpientes van moviéndose.
Soy la única que está quieta,
las otras van rodeando la boca del ánfora.
El público se impacienta, el encantador va palideciendo.

Comienzo a mover mi cuerpo suavemente, con un contoneo sutil.
Extraña danza que enciende los expectantes ojos.
Soy una catarata que asciende
y se despeña hacia el borde del ánfora.

La mirada de todos está detenida en mí.
El encantador está asustado.
Creyó que delataría su desmemoria
su incapacidad su melodía falsa.
No sabe que descubrí el miedo en el fondo de sus ojos.

El encantador de serpientes no imagina
que sólo para que le aplaudan
soy capaz de dejarme caer dentro del ánfora.
Muerta.
Sólo
para que le aplaudan.

PARA REGRESAR ANTES DEL SÉPTIMO DÍA

¡Ay... si pudiera encontrar un canto, una palabra, un vestido
[blanco para regresar.
Intentaría todas las maneras. Diariamente, sin descanso.

Primer día.
Llevaría en mis brazos mi propio cuerpo desnudo,
lo levantaría a la altura de mi pecho
y lo pondría ante ti.
Estaré espiando tu mirada, tu gesto pálido.
Si no elevas los ojos al cielo, si no lloras
pondré mi cuerpo en tierra y me marcharé.

Segundo día.
Vendré sonriente con el cuerpo sano y limpio, dispuesto al abrazo,
fingiendo que olvidé toda la ausencia de ti
y que no importan tus dolores ni los míos.
Si no resulta, si no sonríes,
con vergüenza voltearé el rostro.

Tercer día.
Rozaré apenas tu mano afilada
y miraré con descuido mientras sigo caminando.
Y si no tocas el suave ruedo de mi vestido blanco,
si no alargas los dedos hasta alcanzarme,
desapareceré en la noche.
Seré no ya una estela sino una atroz mancha blanca.

Cuarto día.
La desesperación me hará hablar a voces,
culparte cuando quiero que me perdones
acusarte acusarte acusarte.

Estaré espiando tu mirada, tu gesto pálido de Isla frágil.
Si no te provoco, si no entreabres los labios en un grito
echaré a correr para no detenerme nunca.

Quinto día.
Habré de desdecirme. Rogar para que me creas.
Seguiré espiando tu gesto sereno que no se qué oculta.
Habré de interpretar tus silencios, el ruido del mar tuyo, el sol
[quemándome.
Y si sólo una vez tu mirada incrédula cae sobre mí como un manto,
como la sombra misma del manto cayendo, me iré.

Sexto día.
En silencio y como quien ya no espera me detendré ante ti.
Te enseñaré las cartas que no deshice,
las ofrendas marchitas,
la daga envainada, las manos tras la espalda.
Si no dejas de tener los brazos cruzados
si no abandonas la mirada fría,
cerraré los ojos y llamaré a la muerte.

Último día.
Si pudieras saber que todo me lo inventé,
las fugas, los fingimientos, lo exótico, lo lejano.
Cuánto renegué de tus certezas, de tu abrazo, de tu paz.
Si supieras que he estado a ras del suelo
por miedo al vuelo junto a ti, contigo.
Que preferí la exaltación de las lenguas extrañas,
el maltrato que me hizo padecer todo lo que creí que amaba.
Si pudieras saber...

Si pudieras darte cuenta cuerpo amado, Isla, tierra frágil, Patria mía
cuánto te he faltado estando aquí.

Ay... si pudiera encontrar un canto, una palabra, un vestido
[blanco para regresar

y que entendieras.

(De *El camino sobre las aguas*)

CISMAS Y SECESIONES

para Mabel

Quise tener por nombres Hopkins o Dickinson. Haber poseído la mayor fortuna de América. Amar y honrar al rey Jorge. Marchar en pos de él en caso de guerra. Sostener los mapas de Lord Camden. Buscar el oro o dejar que el oro viniera por mí.

Correr de Norte a Sur cambiando la piel en la carrera. Blanca Piel. Piel Negra. Abrir la primera tienda de tejidos en Boston. Confundir las leyes de piratería con las de independencia para seducir y poner a tus pies el poderío de Trece Colonias.

Yo quería visitar la Cabaña del Tío Tom. Usar una falda de palmeras salvajes, batiendo al viento, reflejándose en un ojo dorado. Construir piezas para buques en Norfolk, en la vieja Inglaterra y haber viajado en esos mismos buques hasta la Inglaterra nueva.

Lustrar las armas que brillan en el desfile militar. Haber ido a la guerra en el país extraño y regresar a sembrar maíz y apilar el heno. Fundir el hierro de esas armas. Cultivar el algodón. Y luego dejarme envolver en Muselina del Norte, arrullada por voces sureñas y negras.

Quise arrojarme al mar en la última tabla. Renegar y disentir sólo para marchar a construir un ferrocarril de Costa a Costa. Un paso de isla a continente. De tierra firme a isla firme.

Yo sólo quería construir un camino por donde ir y venir. Un camino que vigilar hasta que consintieras ser besada en el invierno del Central Park, con el mismo miedo con que en un cine de isla acaricié tus muslos cuando Scarlett O'Hara –que no era Vivian Leigh sino tú– levantó los ojos y dijo mirándome: *Lo pensaré mañana.*

ILUSTRACIÓN

Abusé. Fui abusado.
J. Kozer

Contemplo
–por turnos–
como soy
–por turnos–
mártir o brutal.
Así, aprendo, por turnos.

Paso los dedos por la cara antes de mirarme al espejo.
Recorro las marcas
para saber quién ha amanecido.

Se amanece mártir
o se amanece animal.

Se despierta saco de arena
–donde los otros golpean–.
Dolor abdominal intenso,
ojos de perro triste, aliento que se corta.

Al clareo, se rompen los puños contra el fardo.
No le creas al saco de arena si gime.
No te creas si te parece que al saco le han salido ojos.

Se despiertan los sentidos en la mañana
y las secreciones vuelven la mirada salvaje.
Tela de araña en los ojos de la bestia.
Tela de araña,
tejido de atrapar y cazar.

Hocico reseco que planea la caída de otros.

Abusé, dijo quien cose delicadamente las costuras del país.
Si el sastre abusó
¿por qué no habría de abusar yo?

La diferencia entre el sastre y yo es mínima.
Él hace dobladillos al país.
A mí me penetra la aguja en los huesos.

Soy mártir cuando el sastre cose,
sacrificada, como él, soy,
por el deseo de zurcir la ropa-Isla,
la tela-piel,
la frente-ala de sombrero.

Fui abusado, dice el sastre
mientras dedica horas enteras
al aprendizaje de las patas de gallina.
Piel de gallina oscurecida se les pone a los otros
cuando despunto bestia,
animal sin cuna ni remedio.

Racimo de pesadillas envuelve a los sacos de arena
antes del amanecer.
Manojo de miedo sólo de pensar en mí.
No quiero creerles cuando veo que le asoman ojos.
Como no quiero, no les creo.
Ah! potencia de los verbos.
Ah! desteñido manual del español correcto.

Pero cuando descubro los sacos empapados de sudor,
doblados sobre su panza sílice, desinflados,

y miro la arenisca saliendo
igual que fluye el orín de los cuerpos que van a morir,
cuando empiezo a conocer la idea de la culpa,
ya deshice las costuras,
rompí las agujas y sólo dejé a mis espaldas
costales agujereados e inservibles
que nadie, ni el sastre mayor
podrán recomponer jamás.

Ya es tarde, ya abusé,
y eso como la muerte, el vómito o la lluvia,
no regresa, no vuelve atrás, es irreversible.

Sólo queda ser abusada,
sentarse a esperar el turno de ser mártir.

ISLA NEGRA. ABREVADERO

Para Damaris Calderón

Pequeñas pescadoras de morral vacío
que no subieron al barco.
Pequeñas pescadoras de morral vacío
queriendo ser caballos
para patear la casa del poeta,
las odas y sus encargos inútiles.

Queriendo ser caballos con el arnés peinado
para entrar educadamente al bar
y comer el Congrio y la Reineta.

–Congrio y Reineta García Lorca,
dice la carta–

Pequeñas pescadoras de morral vacío.
Congrio y Reineta
Reineta y Congrio
(García Lorca)
No Del Carril ni Urrutia.
Sólo García Lorca.

Tantas especificaciones son innecesarias.

PARECE LA HABANA

Sólo una hora en la posada me hizo pensar:
Parece La Habana.
Todo lo desvencijado si aún es hermoso
parece La Habana.

Frente al Castello, en la Plaza de Figueiras,
van los tranvías
y vienen los fados que en el trópico no.
Doloroso ir buscando sin saberlo la misma ciudad.

Frente al Castello, la posada.
Allí estuve, sola,
atenta a cualquier posible pregón.
Disfrutando el silencio de estar lejos y en paz.

Mis piernas abriéronse lentamente
al compás de los suspiros de la habitación vecina.
Sábanas blancas y lisas.
No sudadas como las del trópico.
El mismo hombre ebrio tirado en la calle,
los mismos ladridos.
Frente al Castello
mi mano yendo como los tranvías
y regresando como los fados,
viviendo los círculos exactos, los hondos movimientos.

Frente al Castello, en la Plaza de Figueiras
tañendo como nunca antes, sin campanas,
probando por vez primera el jugo de los frutos
nunca antes mordidos en La Habana.

NO APTA

para Mabel, en las ruinas de Copán

Quetzal les hubiera llamado el poeta...
pero los papagayos están comiendo cualquier cosa.
No les importa si esta fue una ciudad precolombina.
No miran la edad de las piedras.
El guía avanza y hace preguntas.
Desilusiono al guía con mi ignorancia.
El jaguar –cuenta– sacaba al sol del inframundo,
–lo traía de la mano.
Como en carroza de fuego.

En el baño, la *toillet*, el lavatorio, el excusado...
halo la manilla del tanque.
El agua limpia se mezcla con la sangre roja de mi amante.
Agua blanca y sangre joven mezcladas.
Las dos se van al inframundo.

Quedo mirando el viaje de la sangre expulsada por mi amante.
No soy jaguar para traerla de vuelta al cielo.
Me falta el amarillo vivo de la piel del Sol.
Apenas tengo las oscuras manchas del poniente.

(De *¿A qué país volver?*, inédito)

índice

INTRODUCCIÓN
La agonía de los siglos: balance de la poesía hispanoamericana al comienzo del tercer milenio 7
De un fin de siglo... 7
A otro fin de siglo 14

BIBLIOGRAFÍA 31

NOTA PREVIA 37

LA PIEL DEL JAGUAR

25 POETAS HISPANOAMERICANOS ANTE UN NUEVO SIGLO

OMAR LARA 41
Poderío 43
Gran Himalaya 44
Las horas del lobo 45
Toque de queda 48
En un tren yugoslavo 49
Encuentro en Portocaliu 50
En la laguna gata 52

Día de muertos 53
Diario de viaje 54
Cómo se hace una tarde 57
Madre, ella era 58
En el futuro, madre 60

MARCO MARTOS 61
Casti connubi 63
San Miguel de Piura 64
En lo más difícil 65
Última hora de Abderramán III 66
El mar de las tinieblas 68
En el puente de las vacilaciones al borde de una mañana eterna 70
Sancho medita sobre la muerte 72
Llanto de Marcel Proust 73
Hafitz compara el amor con la Vía Láctea 75
La contemplada 76
Telésforo León bajo la luz de una vela 77
Gonzalo Rojas y Braulio Arenas 79

SANTIAGO SYLVESTER 81
Retrato 83
La rótula 84
Mujer en la esquina 85
«El tiempo cobra peaje a todo lo que ha nacido para durar» 87
«Un golpe en una mesa» 88
«Después, ya veremos: por ahora» 89
«Puerta de entrar, puerta de salir: esta gente» 90
XVII 91
«Llegaba hasta el borde...» 92
«Toda esta gente...» 93

«*Calle de aire*: viene» 94
«Tiene nombre ilustre» 95

WALDO LEYVA 97
Poema por Escardó 99
Paisaje 101
Asonancia del pájaro 102
«Ahí está en el espejo» 103
Como un roce inocente entre los dedos 104
No estaré allí 105
La ciudad 106
El inocente ojo del antílope 107
Discurso 108
Homérica 109
Memoria del cactus 110
Las hortensias azules 111
La eterna disputa 112
Monólogo del emigrante 113

EDUARDO MITRE 115
Morada 117
Cuerpos 121
El peregrino y la ausencia 122
Casi la dicha 126
Al pie de la letra 127
En sierra escondida 128
El parque Bryant 129
Vitral del aprendizaje 130

JUAN MANUEL ROCA 133
Testamento del pintor chino 135
Los perros de nadie 136
Una estatua para nadie 137

Poema invadido por romanos 138
Postal de ninguna parte 140
Paisaje con ruina y cabaret 142
Piedra sobre piedra 143
Oración al señor de la duda 144
La caída del reino 145
Tristeza de las cosas 146
Sueño con ángeles 148

JOSÉ PÉREZ OLIVARES 149
Discurso del sobreviviente 151
Discurso del pintor de la corte 153
Moisés 155
Un pez en las aguas del mundo 157
Monólogo de Judas 159
Habla Enós 161
Elogio del cuerpo 163

DANIEL SAMOILOVICH 167
Porto Dos Ossos 169
Homo grammaticus 170
A un poeta peruano 171
El pintor y su musa 172
A una escritora 173
Piso alto 175
Los dados huecos 176
La noche antes de embarcar 177
Fábula de Feros 181
El bosque cordial 182
Ya volverán 183

GIOCONDA BELLI 185
Luciérnagas 187

«Infierno de cielo» 188
Manual para conducir 190
Placer del chocolate 192
De noche, la esposa aclara 193
América en el idioma de la memoria 196
Amor de frutas 201
De los placeres accesibles 202

PIEDAD BONNET 205
El reino de este mundo 207
Madre e hijo 208
«Aquí golpeaba airadamente el padre sobre la mesa» 209
Proceso digestivo 210
Nocturnos 211
Filosofía de la consolación 213
De tarde en tarde 214
Los estudiantes 215
Sin novedad en el frente 216
Cuestión de estadísticas 217

RAÚL ZURITA 219
La marcha de las cordilleras 221
Allá lejos /CI/ 221
Allá lejos /CII/ 222
La marcha de las cordilleras 223
Allá estuvieron los nevados 224
Nieves del Aconcagua 225
Pastoral 227
Los pastos quemados 228
Pastoral de Chile II 229
Esplendor sobre la hierba 231
Desiertos de amor 232
A Paulina Wendt 234

JORGE BOCCANERA 237
Esa fotografía que nos sacamos una vez 239
Oración XVII 241
Polvo para morder 242
Exilio 243
Hada 244
Universo 245
Suma 246
El peluquero 247
Silvia Plath lava una taza, seca una taza, rompe una taza 249
Alejandra Pizarnik abre su cuaderno de apuntes 250
Servicios del insomnio 251
Bestias en un hotel de paso 252
Cuchara 253

YOLANDA PANTIN 255
Las vacas (Lyons la Forêt) 257
Retrato de muchacha con su padre en las Torres Gemelas 259
Poema de las dos cabezas 260
Son tres los zopilotes 262
Traduciéndonos a nosotros mismos 263
Umbral 267
Quiero descansar en la isla de Tobago 268
Las ciudades invisibles 269
«Nadie juega montura de palma...» 270

VICENTE QUIRARTE 271
Ser para la vida 273
Casida del nombre sin aire 274
Casida del dragón, el signo y la princesa 275
Casida donde habla el desierto 276
Casida de la noche lusitana 278

Casida de la negligente primavera 279
Casida del que arde solo 280
Del otro lado del mar 281
La herencia liberal 283

MYRIAM MOSCONA 287
Fábula del cazador 289
Lot en su tercera vuelta 292
La Anunciación (fragmento) 294
Son para el vacío 295
Dispersión 296
Tiresias 297
Los seres flotantes 298
De azul esta campana 300
Poema en ladino. La kameia 302

TERESA CALDERÓN 303
Para que mañana te cuente otro 305
Monopolio 306
Bodas 307
Ser mujer 308
Pasado 309
Estrategia 310
Celos que matan pero no tanto 311
Mujeres del mundo: uníos 315
Imágenes rotas 317

JAVIER LASARTE 321
El pacto 323
Coplas blancas del pescador atento 324
Conseja del escriba al hijo ilegítimo de Alfonso 326
El equilibrista 327
Consejos domésticos 329

Mi calle 331
«A veces una casa» 334
«–Cualquiera llora» 335
«–Habito un pantano» 336
«Eliges una zona cualquiera» 337
«Lo que hace al amor» 339

FABIO MORÁBITO 341
Mudanza 343
Los columpios 344
Corteza 346
«Para que se fuera la mosca» 347
«No quiero, pese a todo» 349
«Mi padre siempre trabajó en lo mismo» 350
«Miramos largamente el mar» 352
«Los árboles no son de madera» 353
«En el pasillo» 354
«Quiero volver a mi materia» 355
«Yo también estuve en un coro» 356
«Se elige el agua» 357
«Tengo un perro invisible» 358

JORGE FONDEBRIDER 359
Las palabras 361
Ruidos 362
Epopeyas 363
Guardia de pediatría del hospital Rotunda 363
Dalkey 364
Regent's Canal (a la altura de Danbury Street) 365
Rugosidad 366
Valparaíso 366
Noche de julio 367
Efectos colaterales del liberalismo 368

Rolling Stone 369
Tesorería 369
La multitud que orina 370
Mensajes 371
La extraña trayectoria de la luz 371
96th Street 372
Avedon 372
200 Berkeley Place, Park Slope, Brooklyn 373
Ferry a Staten Island 373
Certezas I 374
Sueños 375
Trabajo de poeta 376
Comida 376
Un adiós 377

KYRA GALVÁN 379
Ajedrez 381
Caballo de Troya 383
Cumpleaños de agua 384
Las tumbas citadinas 386
Noticia universal 388

JOSÉ MARÍA MEMET 389
X 391
XII 391
XIV 392
XVIII 393
Cinco poemas orientales 394
El Samuray 394
La senda 394
El fin 396
La imagen 396
La sentencia 397

Divagaciones sobre una manzana 398
El poeta de la aldea 400
Vidas ejemplares 401
El elefante 402

MARTÍN ESPADA 403
La república de la poesía 405
Aquí no 407
Algo se escapa de la fogata 410
I. Porque nunca moriremos: junio de 1969 410
II. El hombre con todas las armas: septiembre de 1973 410
III. Si sólo Víctor: julio de 2004 411
IV. Algo se escapa de la fogata: julio de 2004 412
Islas negras 414
No de madera y pintura 415
Ciudad de vidrio 416
Tengo una anguila en el corazón 418
El general Pinochet en la librería 420

RAFAEL ARRÁIZ LUCCA 421
Las mujeres rigurosas 423
Almacén 424
Las cosas 425
Sabiduría 426
La Poésie 427
Fundos 428
I 428
VIII 428
XIII 429
XV 430
Seis 431
Uno 434

EDUARDO CHIRINOS 439
Ridiculus Mus 441
Fragmentos de una alabanza inconclusa 442
«Se desmorona la pared en la que antaño...» 444
Dos poemas domésticos 445
Pirata de la memoria 446
El equilibrista de Bayard Street 448
Por decreto y por sueños de Carlos Contramaestre 450
El color de los atardeceres 452
Moon of the Falling Leaves 453
El libro de la vida o mis conversaciones con Teresa de Jesús 454

LAURA RUIZ 457
La sombra de los otros 459
La mujer del guerrero 461
El deseo mayor 463
El encantador y yo 464
Para regresar antes del séptimo día 465
Cismas y secesiones 468
Ilustración 469
Isla Negra. Abrevadero 472
Parece La Habana 473
No apta 474

(Se terminó de imprimir esta primera edición de

La piel del jaguar. 25 poetas hispanoamericanos ante un nuevo siglo

en Sevilla, el día 5 de octubre de 2006)